経済学史研究と私

Toshihiro Tanaka
田中敏弘

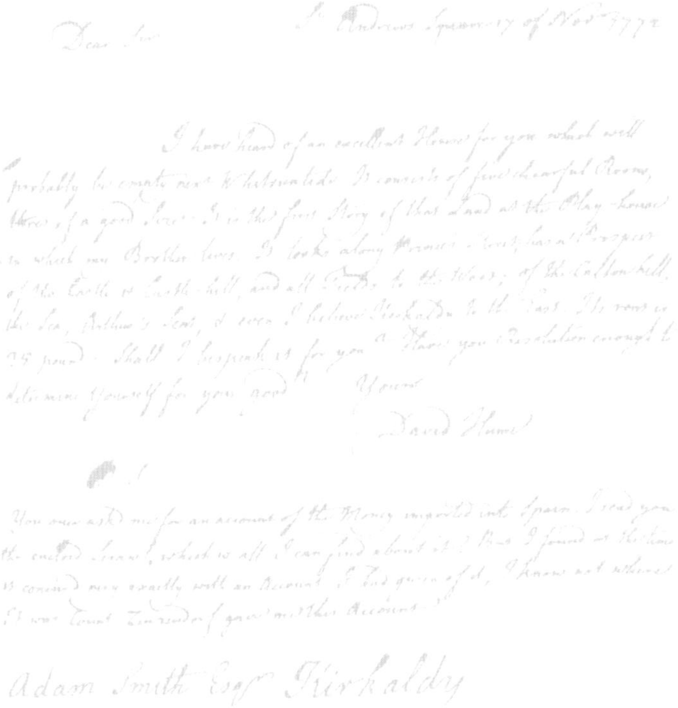
St Andrews Square 17 of Nov 1772

Dear Sir

I have heard of an excellent House for you which will probably be empty next Whitsunday. It consists of five cheerful Rooms, three of a good Size. It is the first Story of that Land at the Play-house in which my Brother lives. It looks along Princes Street, has a Prospect of the Castle & Castle-hill, and all Fields to the West, of the Calton hill, the Sea, Arthur's Seat, & even I believe Kirkaldy to the East. Its rent is 35 pound. Shall I bespeak it for you? Have you Resolution enough to determine yourself for your good?

Yours

David Hume

You once ask'd me for an account of the Money imported into Spain. I send you the enclosed Paper, which is all I can find about it. But I found at the time it contained very exactly well an Account I had given of it, I know not where.

Adam Smith Esqr Kirkaldy

関西学院大学出版会

経済学史研究と私

目　次

I

アメリカ経済学史研究の潮流と私

私の経済学史研究—— 20世紀の学史研究をふりかえって

1　はじめに

私の経済学史研究といえそうなものは1953年に始まる。経済学史学会の創設から5年経った1955年に入会すると同時に、「マンデヴィルとアダム・スミス」という研究報告を行っている。

この50年近い間、私が主に対象とした分野あるいは領域は、①イギリス重商主義を含む古典派経済学の成立・展開（とくにマンデヴィル、ヒューム、スミス、スコットランド啓蒙思想など）、②近代経済学の成立・展開（とくにジェヴォンズ、マーシャル、メンガー、ワルラスなどの形成期）、③アメリカ経済学史の３つといえる。

このうち今回は最後のアメリカ経済学史研究を取り上げることになるが、とくに①に関連して、今年2000年３月の日本イギリス哲学会大会での記念講演「マンデヴィル、ヒューム、ステュアート、スミス　再訪——市場と為政者の視点を中心に」は、ある意味でこの分野での私の役割の一端に触れるものであったといえる[1]。

(1) アメリカ経済学のアメリカ性

ところで、アメリカ経済学史というとき、いつも問題になるのは、「なぜアメリカ経済学史なのか？」ということと、「アメリカ経済学（史）のアメリカ性とは何か？」ということであり、しかもこれら2つは相互に深く関連している。

1960年代初期にアメリカ経済学史の研究を始めて以来、私は機会ある度にこの領域における研究の立ち後れと問題点の指摘を繰り返してきた。開国以来、第2次大戦を経て今日に至る日米両国の政治・経済・社会関係と、とくにアメリカ経済学のわが国への影響を考えるとき、アメリカ経済学史が少なくともヨーロッパ経済学史と同じくらい本格的に研究されてしかるべきではないかという提言であった。しかしこれは、経済学史といえば、それはイギリス、ドイツ、フランスを中心としたヨーロッパ経済学史だという固定した先入観念の壁に阻まれてきたといえる。この壁をいかに取り除くことができるかが、いまも問題だと言わねばならない。

当のアメリカにおいてさえ、ヨーロッパ中心の経済学史研究から抜け出せず、やっと最近になってアメリカ人の経済思想にそれ相応の研究エネルギーを配分し出したのが現状である。1996年6月のHES（アメリカ［北米］経済学史学会）大会において初めて本格的にアメリカ経済学史研究が組織されたのであった。そのさい各報告に先立って行われたアメリカ経済学に関するラウンドテーブルで取り上げられた共通のテーマは、「アメリカ経済学のアメリカ性とはなにか」ということであった。

このラウンドテーブルは、その性質上限定されたものではあるが、極めて重要な示唆を含むものといえる。A. W. Coats

が慎重に無制限な「例外主義」“exceptionalism”を退けたうえで、提出したアメリカの知性史および経済思想史の特質を理解する13の仮説は示唆に富む。W. J. Barberは限定された「例外主義」を積極的に弁護し、問題の問い方と答え方の双方におけるアメリカ的特徴を具体的に例示している。こうしたなかで、R. B. Emmettが触れたように、「アメリカ経済学のアメリカ性」がとくに問題となること自体は、これまで経済学史を支配してきた「絶対主義」こそ、アメリカにおけるアメリカ経済学史研究を妨げ、それをマイナーな位置にとどめるものだったといえる。エメットはいまやこの「絶対主義のゆっくりとした死」によって、これまでのように、アメリカ経済学を“exceptional”なものとみなさずに語ることができるとしている（Rutherford ed., 1998後出）。このように、アメリカの経済学史家たちが「アメリカ経済学のアメリカ性」について、やっと不毛な「絶対主義」的方法論を乗り越え、「アメリカ」的特質をより積極的に解明しようとする段階に達したといえる。

(2) アメリカ経済学史研究の展開

経済学史研究がアメリカで独立したのは第1次大戦後であり、その基礎はドイツ歴史学派の影響を受けたコロンビア大学のE. R. A. Seligmanとジョンズ・ホプキンス大学のJ. H. Hollanderによって築かれた。1920年代以降には、コロンビア大学大学院でのミッチェルによる有名な講義、*Current Types of Economic Theory*が行われた。それまでにもアメリカ経済学史研究がなかったわけではない。しかしそれらは概して個別のアメリカ人経済学者の研究や、個別理論のアメリカにおける展開が主であり、本格的なアメリカ経済思想史の展開には至らなかった（田中　1962）。

本格的といえる研究は、ミッチェルの指導のもと1934年にヴェブレン研究の古典、*Thorstein Veblen and His America* (New York: Viking) を著した、ジョージフ・ドーフマンによって1946年から1959年にかけて刊行された5巻本、総計2500頁を超える画期的大著である *The Economic Mind in American Civilization, 1606–1933* (New York: Viking) によって初めて達成されたといえる。この大著は、伝統的な絶対主義的なドグメンゲシヒテではなく、制度学派の経済学観に立脚し、並はずれて厳密な文献的実証に基づいた総合的な方法によって、アメリカ社会という1つの文化過程における経済思想の歴史的展開を扱ったものであり、ドーフマンをおいて他に書くことができなかったものである。ここからドーフマン以前とドーフマン以後を分けてアメリカ経済学史研究を展望することも可能といえる。私がコロンビア大学院でドーフマンの指導を受けたのは、ちょうどこの大著の完結直後だった。

この *Economic Mind* 以後も、ドーフマンは初期アメリカ経済思想や制度派経済学の研究を続けているが、1973年の "New Light on Veblen", 326 pp. を含む *Thorstein Veblen, Essays, Reviews, and Reports, Previously Uncollected Writings* (Clinton: A. M. Kelley) が最後の仕事となった。

ドーフマン以後彼の影響は徐々に現れるようになっていった。とくに、1985年にアメリカ経済学会は創設100年を記念して、アメリカ経済学の歴史的展望を試みた。方法論を扱ったボーモル論文 (Baumol, W. 1985) と、制度派や異端の経済学的伝統に関するブロンフェンブレナー論文 (Bronfenbrenner, M. 1985) と、J. B. クラークとフィッシャーを中心としたアメリカ新古典派経済学の成立・展開に関するトービン論文（Tobin, J. 1985）が出たし、同時にアメリカ経済学会の成立事情に関するコーツの新しい論文（Coats, A. W. 1985）も加わった。

このようなアメリカ経済学会の動きについで、1991年にドーフマンが没したのを機に、翌1992年のアメリカ経済学史学会でドーフマンを記念するパネル・ディスカッション "Remembering Joseph Dorfman"（1904−91）が行われた。これはアメリカ経済学史研究者としてのドーフマンにとどまらず、経済学史家としてのドーフマンの方法と成果の特質に関する高い評価をあらためて確認すると共に、その意義と影響力の大きさを示すものであった。A. W. Coats, C. D. Goodwin, A. Hirsch, M. N. Rothbard, W. J. Samuels, R. Wedgwood といったパネリストに、私も招待されて加わった。このパネルは期待どおり、やはりアメリカ経済学史研究の重要性を確認する役割を果たすこととなった。この機会にドーフマンの遺族による寄付を基金として設けられた「ドーフマン賞」（Joseph Dorfman Best Dissertation Award）も若い研究者の間のアメリカ経済学史研究の促進を意図したものであった。私の報告は "Joseph Dorfman and the studies in the History of American Economic Thought in Japan" に基づいて行われたが、これはのちに英文と日本語の両方で公表された（田中　1993/1994）。

このあと間もなく、Malcolm Rutherford が記しているように、1994年のHESの大会のさいに、「経済学史においてこれまで十分な注意を引かなかった分野である」アメリカ経済学史研究の組織化が企画され、すでに述べた1996年大会での実行となり、これらの報告はラザフォード編による *The Economic Mind in America: Essays in the History of American Economics*

(London and New York: Routledge, 1998) として刊行された。これは先に触れたラウンドテーブルに続いて、独自の分類による 17 論文を選び収録したアメリカ最初のアメリカ経済学史論文集となった。ここに至るまでに HES の創立（1974）から 20 数年が経過していた。編者のラザフォードが明記しているように、この最初の論文集のタイトル *The Economic Mind in America* はドーフマンの先駆的業績に対する感謝の印とされている。

2　私のアメリカ経済学史研究

こうしたアメリカ経済学史研究のアメリカを中心とした国際的研究動向のなかでの私のかかわりを、次の 3 つに整理して述べることにしたい。第 1 は研究上の国際交流、とくに日本におけるアメリカ経済学史研究の紹介。第 2 は私自身のアメリカ経済学史研究。そして第 3 に、いわばアメリカ経済学史研究・教育の制度化への試みである。

(1) 日本におけるアメリカ経済学史研究

すでに触れたようにドーフマン記念パネル・ディスカッションでの報告を機会に、日本におけるアメリカ経済学史研究をあらためて考察し直し、アメリカを中心とした国際学界に報告することとなった。むろんこれは日本でのアメリカ経済学史研究の促進をともかく意図してのものであった。

詳細は論文（田中　1993/1994）を参照されたいが、重要な点だけ指摘するとすれば、第 1 に、アメリカ経済学史の通史としては、戦前1932年の古屋美貞『米国経済学の史的発展』（内外出版印刷）と戦後1951年の小原敬士『アメリカ経済思想の潮流』（勁草書房）があるだけで、その後、通史らしきものが書かれていないことである[2)]。

個別の特殊研究としては、戦後次第に増加し、1970年代以降、論文も単行本も増えてきている。単行本で重要なものに、フランクリン（久保芳和　1957）、ハミルトン（田島恵児　1984）、アメリカ国民主義経済学（久保芳和　1961、宮野啓二1971）、ヘンリー・ジョージ（山嵜義三郎　1961）、社会的福音（宇賀博　1976）、とくにヴェブレン（小原敬士　1965–66、松尾博　1966、佐々木晃　1967、松本正徳　1972、中山大　1974、佐々木　1982、佐々野謙治　1982/1997、内藤昭　1985、高哲男　1991、佐々木　1998）、ミッチェル（佐々木　1985、佐々野　1995）、コモンズ（伊藤文雄　1975）、制度派経済学（佐々木編　1991/1994、高橋真他　1998）をはじめとする制度派経済学の研究が進んでいる。

このような日本におけるアメリカ経済学史研究のファイルを一応作成した段階で、たまたま1985年に出たヴェブレン研究の文献目録J. L. Simich and Rick Tilman (ed.), *Thorstein Veblen. A Reference Guide* (Boston: G. K. Hall) をみたところ、日本語で書かれたヴェブレン研究としては、わずか5編の論文だけが収録されていて、単行本への言及は皆無であることに気付いて非常に驚いた。早速国際ヴェブレン協会(International Thorstein Veblen Association) の会長でもあるティルマン教授に連絡したところ、ビブリオの補充と日本におけるヴェブレン研究の紹介を依頼されることになってしまった。このため、ちょうど1996年のこの協会の年次大会が、ヴェブレンが学びJ. B. クラークが教えたミネソタのカールトン大学で開催されるというので、そこで “Thorstein Veblen Studies in Japan: A Bibliography” というタイトルで報告した（田中　1997）。これはもちろん完全とは言えないが、その時点で文献は246点を数えた。英文で書かれたヴェブレン研究も、日本語によるヴェブレン研究を英文で紹介したものも皆無であったので、貧しいながら日本からの発信の義務をわずかでも果たすことにつながったようである。

このような役割が注意を引いたのか、今度は、『経済学史学会年報』に外国向けに英文で書くように依頼された。これが “The Studies in American Institutional Economics in Japan”（田中　1999）であり、上述の “Veblen Studies” をもとに若干拡大したものとなった。

(2) 私のアメリカ経済学史研究

コロンビア大学大学院で指導教授のドーフマンのもとでアメリカ経済学史を専攻したさい、私の関心は、まずその全体的な流れにあった。植民地時代の経済思想に始まり、建国期のハミルトン対ジェファスン、マクヴィッカー、クーパーなどの自由主義経済学、レイモンド、リスト、H. C. ケアリーなどのアメリカ体制派経済学、ドイツ歴史学派の影響とアメリカ経済学会の創設・展開、アメリカ新古典派経済学の成立（とくにJ. B. クラークとフィッシャー）、さらにその後の展開（とくにタウシッグ、ナイト、ヴァイナーなど）、ヴェブレン、ミッチェル、コモンズ、J. M. クラーク等による制度派経済学の成立・展開、大不況とニューディールの経済学への潮流であった。

このような流れのうち、研究関心の中心は、次第にクラーク、フィッシャーを中心としたアメリカ新古典派経済学と、制度派経済学に向かっていった。シラキュースとコロンビアでの2年間の大学院生活を終えて帰国した翌年1962年に、アメリカでの経済学史研究の状況について初めて書いた後、アメリカ経済学史研究の最初の論文が1966年のクラークに関するものであった。それ以後今日までクラーク研究は継続されてるが、まだ完結をみていない[3)]。

制度派経済学の研究については、『経済学大辞典』（岩波書店、1980年）の「制度学派」以来研究は継続されてきた。これらの論文のうち、クラークに関するものを除いて一応まとめられたのが『アメリカ経済学史研究——新古典派と制度学派を中心に』（晃洋書房、1993年）となった。最近の私のクラーク研究は、１つは未公表書簡によったクラークとマーシャルの関連であり（田中　1994-95/1996）、もう１つは1995年に関西学院大学図書館が所蔵することとなった、J. B. クラークとF. H. ギディングズとの未公開往復書簡の解読・研究である（田中　1997/1999）。この往復書簡は、コロンビア大学図書館所蔵のギディングズのクラーク宛書簡7通を加え、総計279通の書簡・覚え書が解説論文付きで、アメリカのJAI Pressから今年中に刊行されることになっている。現在「アメリカ初期自由主義経済学——マクヴィッカー、ジェファスン、クーパー」（１）・（２）（『経済学論究』53-4、53-5、1999年12月、2000年7月［予定］）を再検討している。

(3) アメリカ経済学史研究・教育の制度化

アメリカ経済学史研究の促進を目的として、その研究・教育の制度化ともいえる仕事を私は重要視してきた。

その第１は「アメリカ経済学史」の講義の開設である。最初特殊講義という形で1984年と1988年の2年度に、九州大学経済学部および大学院で行われ、関西学院大学経済学部でも1987年に特殊講義として行われた。これが1989年には正規の常設科目として「アメリカ経済学史」(隔年半年講義)が開設され、今日に至っている。これは私の知るかぎり、おそらくわが国で最初の試みと思われる。

第2はアメリカ経済学史研究者間の交流を制度化することであった。数少ない研究者相互のコミュニケイションを密にし、相互の研究促進を図るため、1995年に「アメリカ経済思想史研究会」が創設された。佐々木晃、白井厚、高哲男の3氏と発意者田中の4名が呼びかけ人となって創設され、小規模な研究組織ではあるが、外国人会員4名も含む一応全国規模の学会であり、年1回大会が開催されている。「アメリカ経済思想史研究ニューズレター」も発行されている。

第3は、この研究会も5回の大会を積み重ね、ようやく基礎も固まってきたので、研究会のメンバー8名による論文集、田中敏弘編著『アメリカ人の経済思想――その歴史的展開』(日本経済評論社、1999年)が刊行された。これはアメリカのHESの論文集の刊行より1年遅れたが、日本では最初のアメリカ経済思想史の専門論文集となった。

論文集では「序章　アメリカにおける経済思想の展開」(田中)に続いて、「ハミルトン」(田島恵児)[4)]、「H. C. ケアリー」(高橋和男)、「ドイツ歴史学派の影響とアメリカ経済学会の成立」(高哲男)、「J. B. クラーク」(田中)、「フィッシャー」(中路敬)、「ヴェブレン」(佐々木晃)、「コモンズとニューディール」(高)、「タグウェルとニューディール」(西川純子)、「アメリカにおけるシュムペーター」(濱崎正規)の9章構成となった。

3　むすび

アメリカ経済学の「アメリカ性」をいかに限定的に捉えても、制度派経済学のもつ「アメリカ性」ほど明確なものはないだけでなく、1990年代のヨーロッパにおける制度主義あるいは進化主義的経済学研究の進展、「ヨーロッパ進化主義経済学会」の創設と関連してのアメリカ制度主義研究の一層の活気ある展開――とくにサムエルズ、ラザフォード、ティルマン、トゥール、ダッガー、シュートなどの活躍が目立つ――を迎えている。さしあたっては、こうした研究動向にどう関わり、アメリカ制度派経済学の成立・展開を捉え直すかが課題である。

むろん制度学派だけでなく、他の領域における着実な専門的研究の蓄積が重要であることは言うまでもない。とくにアメリカ史、アメリカ経済史に根ざし、アメリカとアメリカ人の特質に関する広い社会的パースペクティヴのもとに、どこまでアメリカ人の経済思想の展開を把握することができるかにかかっているといえる。とくにある意味で緊急的な課題として、アメリカ経済学史・経済思想史への関心を高め、研究と教育の裾野を広げ固めるため、アメリカ経済学史の概説書の刊行が必要といえる。

（補注）これはまず、拙著『アメリカ経済思想――建国期から現代まで』（名古屋大学出版会、2002年）として刊行された。

〈注〉

1) アメリカ経済学史研究以外の分野における私の研究については、さしあたり「経済学史研究と私――学問・思想・キリスト教」（『経済学論究』53-2、1999年7月）を参照されたい。なお私の研究文献については、『経済学論究』52-1、1998年4月にまとめられた著作目録を参照されたい。

2) 久保芳和『アメリカ経済学の歴史』（啓文社、1988年）が出ているが、これは通史というよりは論文集と言ったほうがいい。

3) 田中のクラークに関する論文については、前掲の著作目録を参照されたい。近いうちにまとめられる予定である。（補注）これは『アメリカ新古典派経済学の成立―― J. B. クラーク研究』（名古屋大学出版会、2006年）として刊行された。

4) 田島恵児には次の英文論文がある。Keiji Tajima, "Alexander Hamilton and the Encouragement of Manufactures: An Interpretation of the Hamiltonian System," *The Japanese Journal of American Studies, No. 2* (*1985*).

〈参考文献〉

Baumol, W. J., "On Method in U. S. Economics a Century Earlier," *American Economic Review*, Vol. 75, No. 6. (1985).

Bronfenbrenner, M., "Early American Leaders—Institutional and Critical Traditions," *A.E.R., ibid.* (1985).

Coats, A. W., "The American Economic Association and the Economics Profession," *Journal of Economic Literature*, Vol. 23, December, (1985).

伊藤文雄『コモンズ研究』（同文館、1975年）。

久保芳和『フランクリン研究』（関書院、1957年）。

――――『アメリカ経済学史研究――「アメリカ体制」派経済学の生成と発展』（有斐閣、1961年）。

松本正徳『ヴェブレン研究』（未来社、1972年）。

松尾　博『ヴェブレンの人と思想』（ミネルヴァ書房、1966年）。

宮野啓二『アメリカ国民経済の形成――「アメリカ体制」研究序説』

（御茶の水書房、1971年）。
内藤　昭『ヴェブレンの思想構造』（新評論、1985年）。
中山　大『ヴェブレンの思想体系』（ミネルヴァ書房、1974年）。
小原敬士『ヴェブレン』（勁草書房、1965年）。
――――『ヴェブレンの社会経済思想』（岩波書店、1966年）。
佐々木晃『経済学の方法論――ヴェブレンとマルクス』（東洋経済新報社、1967年）。
――――『ヴェブレンとミッチェル』（編著）（ミネルヴァ書房、1985年）。
――――『制度派経済学』（編著）（ミネルヴァ書房、1991年）。
――――『制度派経済学の展開』（編著）（ミネルヴァ書房、1994年）。
――――『ソースタイン・ヴェブレン――制度主義の再評価』（ミネルヴァ書房、1998年）。
佐々野謙治『アメリカ制度学派研究序説――ヴェブレンとミッチェル、コモンズ』（創言社、1982年）。
――――『制度経済学者ミッチェル』（ナカニシヤ出版、1995年）。
―――― "The Place of Veblen in the History of Economic Thought,"『エコノミクス』1-2（九州産業大学、1997年）。
田島恵児『ハミルトン体制研究序説』（勁草書房、1984年）。
高　哲男『ヴェブレン研究――進化論的経済学の世界』（ミネルヴァ書房、1991年）。
田中敏弘「アメリカでの経済学史研究について」『経済学論究』16-1（1962年）。
――――「経済学史家J. ドーフマン（1904-91）、『経済学論究』47-1（1993年）。
―――― "Joseph Dorfman and the Studies in the History of American Economic Thought in Japan," *Kwansei Gakuin University Annual Studies*, Vol. 42 (1994).
――――「J. B. クラークとマーシャル――未公開書簡を中心に」（1）（2）、『経済学論究』48-3、49-1（1994-95年）。
―――― "J. B. Clark and Alfred Marshall: Some Unpublished Letters," *Kwansei Gakuin University Annual Studies,* Vol. 44 (1996).
―――― "Thorstein Veblen Studies in Japan: A Bibliography," *Research in the History of Economic Thought and Methodology,*

Archival Supplement 6, edited by Warren J. Samuels, Greenwich, Conn., U.S.A.: JAI Press (1997).

———「J. B. クラークと F. H. ギディングズ——未公開往復書簡を中心に」『経済論集』47-5（関西大学、1997 年）。

———「アメリカ経済学史研究断章」『一橋大学社会科学古典資料センター年報』No. 19（1999 年）。

———「J. B. クラーク経済学の展開課程——クラーク=ギディングズ未公開往復書簡からみた」田中敏弘編著『アメリカ人の経済思想——その歴史的展開』所収（1999 年）。

高橋真他『制度経済学の基礎』（八千代出版、1998 年）。

Tobin, J., "Neoclassical Theory in America: J.B.Clark and Fisher," *A.E.A., op. cit.* (1985).

山嵜義三郎『ヘンリー・ジョージの土地制度改革論』（泉屋書店、1961 年）。

II

制度主義にもとづく経済学史：文化過程のなかの経済思想

——戦後日本の一経済学史家の足跡

1　はじめに

これは一人の研究者のほぼ半世紀にわたる足跡を記すものである。ここに述べるものは、近年流行りのいわゆる「自分史」ではない。また、およそ欧米でみられる「自伝」を企てるものでもない。ここで取り上げられるのは、あくまでも経済学史もしくは経済思想史という、経済学の一つの専門領域で、一人の学徒——研究者・教育者——としての研究プロセスを簡潔に記述するに過ぎない。

ここでは、経済学史の方法論について詳しく論じることはしないが、経済学史は「制度主義」にもとづく経済学史として理解されている。それはのちに触れるように、ジョージフ・ドーフマンの言う「文化過程のなかの経済思想」(The Economic mind in the Cultural Process) という言葉によって最も良く表されている視点を根底にもつ経済思想の歴史的展開の把握を指している。

かつて新古典派経済学にもとづく単純で狭量な理論史がいまや表舞台から消え、替わってさまざまな形での「制度主義」の視点をもった理論・学史が台頭しているとき、戦後日本に生きた一人の経済学史研究者としてアメリカ合衆国で研究し、コロンビア大学でドーフマンを通して直接アメリカ制度主義と、制度主義にもとづく経済学史を学ぶこととなった経緯を含め、ここにその研究と教育の足跡の一端を記すことにしたい。

そもそもなぜ経済学史研究に入ったのか。どうしてこの領域でそのような研究テーマを選んだのか。その研究方法がなぜ取られたのか。どのような研究プロセスを経て、その成果はどのような形で公表されたのか。その研究の反響はどうだったのか。あるいは、それにはどのような貢献があったのか。それは大学教育にどう生かされたのか、生かされなかったのか。そして、その研究・教育過程で、どのような先達から指導・支援・助言・励ましを受けることができたのか。内外の研究者との交流は、それぞれの研究テーマの追求にさいして、どのように助けとなったのか。そして、現時点で残された研究課題は何か。

これらの点が以下で取り上げられる記述の中核を占めることになる。とくに私の場合、国内は無論のこと、国際的な交流が占める役割は極めて大きく、これが私の研究上の大きな特色といえる。したがって、現在の時点から顧みて、さまざまな形で受けた指導や支援に対してあらためて謝辞を記すことが必要である。生きた個人的な学術の交流のもつ重要性があらためて強調されなければならない。

2　堀ゼミナールと経済学史

私が 1945 年 8 月 15 日、日本の敗戦の日を迎えたのは、旧制中学の 4 年生、16 歳のときだった。私はすでに学徒動員により、軍需工場で労働に従事していた。敗戦の直前、7月に工場で右足親指を切断する大怪我をして動けなかったとき、敗戦の日がやってきた。回復しやっと歩けるようになり、中学の校門まで行ってみたら、そこにはアメリカ兵が門を固めており、生徒は入ることが許されなかった。

やがて授業が再開されると、多感な中学生に価値観の大転換が突然押しつけられることとなった。「戦争」・「軍国主義」・「天皇制教育」から「平和」・「自由」・「民主主義」への看板の塗り替えだった。つい先日まで、軍人直喩と教育勅語しか語らなかった教師が、教室に入るや黒板に大書したのは、'Democracy' という英語だった。私は一瞬緊張したが、何の釈明もないこのような変わり身の速さに、ひそかに笑いが止まらなかった。教師というのは何という人種だろうと驚くと共に、今度は教育勅語式の民主主義の解説にへどが出そうだったことを、今も鮮明に覚えている。当時は中学4年を終了すれば上級学校への受験が許されていたので、すぐに模擬試験が始まり、受験の講習が続くことになった。それは、今から見るとまだのんびりしたものだったが、私は身が入らず、合格しなかった。5年生を終えて卒業した後、私は旧制大阪商科大学予科に入学した。予科というのは旧制高等学校と同じく3年制で、外国語と一般教養が中心だった。私は英語とドイツ語を履修し、フランス語を自習した。

最終学年の3年生では、ゼミナールに似た制度があり、私は森好夫助教授のもとでヴェーバーをかじり、予科修了のレポートでは、「プロテスタンティズムの倫理と資本主義の精神」を取り上げた。これは、私が1947年にプロテスタント教会で洗礼を受け、学生 YMCA 運動に加わっていたこともあり、戦後

堀経夫先生（1896–1981）
田中敏弘『堀経夫博士とその経済学史研究』（1991）より

の大塚久雄教授を初めとするヴェーバー研究復興の流れから影響を受けたのであった。

3年間の大学予科生活を終え、1950年4月に大阪商科大学に入学した。この頃はまだ戦後の貧しい混乱期であり、生活にゆとりがなく、勉学上の不便は大きかった。2回生になると2年間のゼミナールが始まった。私は経済学史の堀経夫教授のゼミナールを選択し入れていただいた。

堀ゼミナールでは、古典派経済学、なかでもリカードウ研究の権威といわれた堀教授の最も得意とするリカードウの『経済学原理』（英文）の講読から始まった。一語一句をもおろそかにしない、非常に厳密な講読の訓練をはじめて受けることになった。後に聞いて知ったが、これが「原典主義」という堀教授の経済学史研究上のひとつの重要な側面を表わす特徴であった。それまで外国語の経済学書をこれほど厳密に読み進めたことが一度も無かった私は、これが古典というものに立ち向かう上での不可欠な基本姿勢であることを学ぶことができた。これが私を経済学史研究に導き入れる第一歩となり、その後今日に至るまで、私の研究を大きく方向づけ、その性格を決定づけたといえる。

ゼミナールでの卒業論文のテーマは、予科でのヴェーバー「プロテスタンティズムと資本主義の精神に関する一考察」から展開し、市民的倫理の成立を経済学史的に考察してみることにした。「市民的倫理の成立に関する経済学史的一考察——倫理と経済」と題する卒業論文を提出した。そこでは、マーカンティリストにおける倫理と経済として、ベーコン、トマス・マン、ペティが、自由貿易論者として、バーボン、ノースが、ついでマンデヴィルにおける倫理と経済、そしてアダム・スミスにおける倫理と経済（市民的倫理の成立）が対象として取り上げられた。

3　マンデヴィル研究

このようにして、1952年の秋に就職が問題となり出したとき、私は堀先生に、できれば経済学史の研究を続けたいと、おそるおそる申し上げてお許しを得た。当時、関西学院大学経済学部教授だった（大阪商科大学は異例の兼任でゼミナールを担当されていた）堀先生について、卒業後直ちに関西学院大学経済学部に助手として採用されることとなった。

助手として経済学史研究を開始するに当たって、「古典派経済学の研究」が大きなテーマだったが、堀先生の多くの門下生がそうしたように、私もリカードウを直接の研究対象からはずすことにした。そこで、大学生時代に少し丁寧に読んだことのあるアダム・スミスを中心に、古典派経済学の成立を対象に選ぶことにした。スミスの『国富論』と『道徳感情論』を読み直しながら、スミス研究の一環として私がまず取り上げたのがバーナード・マンデヴィルであった。

私の研究発表といえるものは、通称「堀研」と呼ばれていた、堀教授が主宰され、教授宅で開かれていた「堀研究会」での報告であった。この研究会は堀先生が逝去された1981年まで続けられ、その後1982年から「経済学史研究会」と名称を改め、関西学院大学内で今日まで同じように開催されている。

こういうわけで、私が初めて書いた論文は、1954年7月に発表された「マンデヴィルの奢侈論」(『経済学論究』8-2)だった。研究の主たる対象は、マンデヴィルの社会・経済思想であったが、思想史的に『蜂の寓話』論争に関連して、バークリー、シャフツベリー、ハチスン、ヒューム、スミスなどに広がっていった。

マンデヴィル研究が一段落した後、マリーンズやミッセルデンとともに主にトマス・マンの経済理論を手がけたが、その後私はアメリカのミッションボードから奨学資金（クルーセイド・スカラシップ）を得て、1959年から2カ年間アメリカの大学院へ留学することになった。この留学については、のちにあらためて取り上げることになるが、その第1年目の終わりにシラキュース大学大学院でのマスター論文として、'The Economic Thought of Bernard Mandeville' がまとめられ、指導教授のウンゲル教授（Theo Surányi-Unger, 1898–1976）に提出された。

1961年に帰国後、マンデヴィル研究は日本語でまとめられ、「マンデヴィルの社会・経済思想――イギリス18世紀初期社会・経済思想」として堀教授に提出され、これによって1966年2月に経済学博士号を授与された。そしてこれは、関西学院大学経済学部研究叢書の一冊として、同年4月に有斐閣から出版された。

当時マンデヴィル研究は、F. B. Kayeの研究（1924）が国際的水準を示すものであり、日本では上田辰之助著『蜂の寓話――自由主義経済の根底にあるもの』（新紀元社、1951年）があるだけであった。この私の最初の著書は、戦後わが国における経済学史研究、とくにイギリス重商主義、スミス『国富論』、ジェイムズ・ステュアート、フリードリッヒ・リスト研究における最高水準の成果を示しておられた小林昇教授から「国際的水準を抜くマンデヴィル研究」という過分の高い評価を与えられた（『経済学論究』20-2、1967年1月、のち『小林昇経済学史著作集』IX、1979年、未来社に収録）。

これにより私は、水田洋教授に次いで1972年に光栄にも「アダム・スミスの会」からアダム・スミス賞を受けることとなった。その際の審査委員は岸本誠二郎、出口勇蔵、内田義彦の3教授であった。

4　アメリカ大学院留学と経済学史研究

アダム・スミスの周辺からスミスの社会・経済思想にアプローチする私のスミス研究の次の対象として選ばれたのが、デイヴィッド・ヒュームであった。大きな思想体系をもつヒュームを社会科学者として捉え直してみようと考え、まずその第1次接近としてエコノミストとしてのヒューム像を明らかにしたいと考えた。これが私の第2の主要な研究テーマとなった。

その最初の論文は、1959年7月に「デイヴィッド・ヒュームの経済理論――そのライトモティーフとしてのIndustry」として公表された（『経済学論究』13-2)。続いて第2論文「デイヴィッド・ヒュームの貨幣・外国貿易論」（同上、13-3、1959年10月）が出たが、1959年7月から1961年6月まで2カ年間のアメリカ留学のため、ヒューム研究は一時中断されることになった。それが再開され、論文として公表されたのは、帰国後、1963年のことであった。

そこで私のアメリカの大学院への留学について触れておかねばならない。私が学んだ大阪商科大学は戦後学舎を米軍に接収され、大阪市内の小学校の校舎に移って授業が行われていた。立派な図書館の図書も、無蓋のトラックに積まれて運び出され、小学校の講堂のようなところに無造作に山積みされたままであり、その整理は遅々として進んでいなかった。

講義では休講が多く、学生の出席もまばらであった。大学で講義された経済学はマルクス経済学だけといってもよかった。近代経済学の講義が1つあっただけであった。講義といっても、一部の教授を除いて、大半は共産党のアジテーションに近いような内容であり、マルクス経済学としてもけっして水準の高いものとは言えなかった。このような状況下で、多くの学生は極めて政治イデオロギー的に行動し、何かといえば学生大会を開き、政治的反対運動のためにストライキと称して授業放棄を決議し、授業がまともに行われないような日々が続いた。

私は堀教授のゼミナールに入ったので、先生の自宅で少数の学生だけのゼミナールを毎週もち、先生の指導をきっちりと受けることができた。当時このような恵まれたゼミナールは、例外中の例外だったといえる。

このような混乱した大学生時代の経済学の学習だったため、私は助手として研究職を目指す以上、経済学の勉強のやり直しがどうしても必要と感じていた。そこで、欧米での標準的な経済学、modern economics（当時の日本ではこれを「近代経済学」と呼んでいた）を、本格的に勉強する必要に迫られていた。

ちょうどその頃、日本キリスト教団からアメリカの大学院に学ぶ留学制度が出来たことを知った。そこでこのスカラシップを得てアメリカの大学院で経済学をやり直したいと思った。それは「内外協力会」という組織が、日本のキリスト教主義大学や教会に志望者の推薦を依頼してきており、大学や教会から推薦を受ければ、英語力と面接を中心とした試験を経て留学が可能となるものだった。私は 1958 年に試験に合格し 1959 年の秋からの留学が決定した。それまで合格者のほとんどは、牧師ないし神学生を第 1 に、ついで英語教師であり、経済学の研究のための留学は極めてまれなことだと聞かされていた。

留学が決定すると、当時は留学に関する情報など皆無というころだったので、その準備のため私たちはアメリカ人宣教師による英語の特訓を、神戸パルモア学院で約 1 カ月受けることができた。

1959 年 8 月 3 日、横浜港から APL の客船プレジデント・ウィルソン号でハワイ経由、サンフランシスコに着いた。8 月 15 日に大陸横断鉄道でデンバー、シカゴを経てワシントンまで行き、ワシントンの American University で、世界各地から

シュランニーウンゲル教授と
（1960 年、シラキュース大学大学院）

到着した同じスカラシップを得て集まった約 60 名のためのオリエンテーション（2 週間ほど）に参加した。このあとまた列車でフィラデルフィア、ニューヨークに立ち寄った後、ようやく目的のシラキュース大学に到着したのは 9 月 15 日だった。

大学院生向けの寮に入り、履修届けも済み、英語のテストも済んで、最初の授業が始まったのが 9 月 28 日だった。指導教授のウンゲル教授の特別の計らいで、研究科委員長の承認を得て、シラキュースでは 1 年間で MA コースを終えるように、単位の取得計画を立てていただいた。私の履修した科目は、Special Topic in Economic Theory（これはゼミナール）, Advanced Theory (Macroeconomics), American Economic History, Comparative Economic System と、MA Thesis であった。

ウンゲル教授の勧めで経済学研究科の Graduate Seminar で研究報告を行うことになり、11 月 18 日に “J.M.Keynes and B. Mandeville as one of his Predecessors” と題する報告を行った。これは AEA 方式で 2 名の予定討論者のつく本格的なものであったが、教授や院生にたいする私の自己紹介となり、その後の良いスタートとなった。

私は 1960 年 6 月にシラキュース大学 Maxwell Graduate School の MA コースを終え、9 月に上述したマンデヴィルに関する修士論文によって MA in Economics を受けた。

指導教授のウンゲル教授は1898年にハンガリーのブダペストに生まれ、オーストリアのグラーツ、ハンガリーのブダペスト、およびフランスのパリ大学に学び、1924年以降、ブダペストやその他のハンガリーの諸大学、オーストリアのインスブルック大学の教授を経て、第2次大戦後1946年にアメリカ合衆国に渡り、1951年にアメリカ市民となった。戦後ヨーロッパからアメリカへ帰化した経済学者の一人であった。アメリカではシラキュース大学教授となり、同時にドイツのゲッチンゲン大学教授を兼任していた。教授は英語、ドイツ語、フランス語、イタリア語など外国語に堪能であり、ウィーン、ベルリン、パリ、オックスフォード、コロンビア、イェール等の諸大学に出講している。まことに国際的に活躍した経済学者であった。

ウンゲル教授の主著には、ハンガリー語で書かれたもの以外に、*Philosophie in der Volkswirtschaftslehrs*, 2 vols. (1923, 1926), *Die Entwicklung der theoretischen Volkswirtschaftslehre in ersten Viertel des 20 Jahrhunderts* (1927), English translation: *Economics in the Twentieth Century. The History of its International Development* (1931). 邦訳：堀経夫監訳、金子精次・田中敏弘共訳『一般経済学――経済体制の比較分析』関西学院大学経済学翻訳双書Ⅲ、関書院、上・下巻（1959/1961年）他がある。

私はウンゲル教授の著書邦訳のこともあり、堀先生の勧めにより著者のいるシラキュース大学の大学院へ留学することになった。ウンゲル教授の『20世紀の経済学』に明らかなように、教授はアメリカの現代理論経済学の展開にも明るく、私がアメリカ経済学史研究を進める上で多くの助言を与えられた。

J. ドーフマン教授と
（1961年、コロンビア大学大学院）

シラキュースの大学院修士課程を終えた後、私はアメリカ経済学史を本格的に研究するために、ウンゲル教授の推薦を受けて、コロンビア大学のジョージフ・ドーフマン教授（Joseph Dorfman, 1904－91）のもとでドクターを目指す院生となり、幸いにも教授から特別の個人的指導を受けることができた。教授はちょうど主著の *The Economic Mind in American Civilization*（*EMAC*), 5 vols.（1946–59）を完結したばかりであり、私は最もよいときにコロンビアへ来たことになった。ドーフマン教授の特別といってよい指導は、私のアメリカ経済学史研究を大きく方向づけ促進する原動力となったことは言うまでもない。もし教授に出会っていなければ、私はアメリカ経済学史研究を続けなかったかもしれない。

ドーフマンは1904年にロシアのラモノフスカ（Ramonovska）に生まれ、ユダヤ系の父がアメリカの市民権をもっていたので、1905年にアメリカへ来て市民権を得ている。オレゴン州、ポートランドで小学校、中学校、高校と、いずれも公立学校で教育を受け、1924年に同地のリード大学（Reed College）を卒業、その翌年に修士号を得ている。このリード大学で彼はクレアレンス・エアーズ（Clarence E. Ayers, 1891–1972）に師事している。このエアーズとの出会いがドーフマンを最初に制度学派に導くきっかけとなった。

リード大学を卒業後、彼はコロンビア大学大学院に学び、主にミッチェル（Wesley C. Mitchell, 1874–1948）の指導を受けると共に、ジョン・モーリス・クラーク（John Maurice Clark, 1884–1963）の指導も受け、1935年に、前年に出版されたドクター論文、*Thorstein Veblen and His America* によってPh.D. を得ている。この *Veblen* は最優秀博士論文としてコロンビア大学から第1回のセリグマン賞を受賞している。

ドーフマンはNew School for Social Researchの研究員となり（1929–30）、その後1931年からコロンビア大学政治科学大学院のスタッフとして経済学を教え始めている。のち1948年に正教授となり、1971年に退職して名誉教授となるまで40年の間、研究と教育に努めた。

ドーフマンは経済史学会副会長（1960–61）を務め、1969年に進化経済学会会長に選ばれている。1975年には進化経済学会から「ヴェブレン－コモンズ賞」をミーンズ（G. C. Means, 1896–1988）と共に受賞し、さらに1982年にはアメリカ経済学史学会（HES）から 'Distinguished Fellow Award' を受け表彰されている。

ドーフマンは *Veblen* と *EMAC* の後、1973年に彼のヴェブレン研究を補う *Thorstein Veblen, Essays, Reviews and Reports, Previously Uncollected Writings* を出して、ほぼ仕事を終えている。

「ヴェブレン－コモンズ賞」を受賞したさい、サムエルズ（Warren J. Samuels）が述べたように、ドーフマンは制度派経済学の最初の本格的な研究者であると共に、アメリカ経済思想の発展の最初の歴史家であった。彼の *Veblen* と *EMAC* はまさに「永久不滅の知性史研究」であった。彼の経済学史研究は、制度派経済学の方法論にもとづくものであり、経済思想の進化論的展開過程を全体的に追求しようとするものである。こうしたアメリカ社会という一つの文化過程のなかでの経済思想の展開を扱ったアメリカ経済思想史は、ドーフマンをおいて他の誰にも書くことができなかった金字塔といえる。

ドーフマン教授の個人的指導のもと、私がコロンビアで研究対象として最初に焦点を絞ったのは、J. B. クラークやアーヴィング・フィッシャーを中心としたアメリカ新古典派経済学であった。もう一つがアメリカに固有な制度派経済学で、ヴェブレン、ミッチェル、コモンズ、ジョン・モーリス・クラークなどがその中心をなしていた。

1961年7月に帰国することになったが、その前年にMA論文を一部改定して発表されたのが、“Mandeville and Smith — In Connection with Economic Theory —”（*Kwansei Gakuin University Annual Studies*, Vol. 19, Oct., 1960）である。帰国後これに続いて“Mandeville and Keynes,”（*KGUAS*, Vol. 1, Nov., 1962）と、さらに1970年代になるが、もう1編、“Adam Smith's Theory of Moral Sentiments and Bernard Mandeville,”（*KGUAS*, Vol. 22, March, 1974）が発表されている。

帰国後直ちに、「アメリカでの経済学史研究について」（『経済学史学会関西部会通信』8号、1962年1月）と、それをさらに詳しく展開した同じ表題をもつ学会展望論文（『経済学論究』16−1、1962年4月）が書かれた。しかし留学前に開始されたヒューム研究の継続が優先し、1963年から1971年頃を中心にエコノミストとしてのヒューム研究が進められた。その間またそれまでに発表されたマンデヴィル研究の日本語版とMA論文を総合して書かれたのが、前掲の『マンデヴィルの社会・

経済思想』となった。1960年代後半では、1965年11月、関西学院大学で開催されたスェーデン、ルンド大学のヨハン・オーカーマン教授（Johan Åkerman）による「スェーデン経済思想の里程標と現状」という公開講演の通訳をしている（これはのち、*KGUAS*, Vol. 15, November, 1966に収録されている）。

5　ヒューム研究とイギリス重商主義・アダム・スミス研究

さて、ヒューム研究は1971年には一段落し、『社会科学者としてのヒューム――その経済思想を中心として』（未来社、1971年）として出版された。ヒュームに関する研究文献は極めて多彩であるが、国内外において、ヒュームの経済思想を全体として研究したものは少なく、拙著は「経済思想家としてのヒュームを扱ったわが国最初の研究書」という評価を与えられることとなった。このヒューム研究のエッセンスを英文にまとめたものが、“David Hume as an Economist,”（*KGUAS*, Vol. 13, Nov., 1964）である。

このヒューム研究の副産物として刊行されたものが、ヒュームの *Political Discourses*（1st ed., 1752年）の邦訳（「経済論文」9編の邦訳）である、ヒューム『経済論集』（アダム・スミスの会監修、初期イギリス経済学古典選集　東京大学出版会、1967年）と、さらに「政治論文」も含めた1758年版を全訳した『ヒューム政治経済論集』（御茶の水書房、1983年）である。

この間、1976年はちょうどヒューム没後200年を記念してエディンバラ大学でヒューム国際会議が開催された。会議では、8つの記念講演と52の研究報告のうち、そのほとんどはいわゆる純粋哲学に属するものであったが、私はフォーブズ(Duncan Forbes)の記念講演「ヒュームの政治科学」ほか数少ない社会科学系の報告に関心をもった。このヒューム国際会議がやはりその後の私のヒューム研究にひとつの刺激となったことは確かである。帰国後私はまず、『経済学史学会年報』第15号(1977)(『アダム・スミスの周辺』日本経済評論社、1985年に収録)に、ついでやや詳細な報告を『経済学論究』31-4に書いている(『イギリス経済思想史研究』、後掲に収録)。

1984年には、その後進められたマンデヴィルとヒュームの研究に、スミスとイギリス重商主義研究を一書にまとめた『イギリス経済思想史研究——マンデヴィル・ヒューム・スミスとイギリス重商主義』(御茶の水書房)が中継ぎの形で出版に付された。

しかし、私のヒューム研究はエコノミストとしてのヒュームの体系を明らかにすることから始まったが、その書名が示すように、研究の目標は、社会科学者ヒューム像の追求であった。したがってエコノミストとしてのヒュームの把握を基礎にして、ヒュームの倫理思想、法・政治思想、歴史家としてのヒュームなどの研究へと次第に範囲を広げることとなった。

1985年夏(8月23日から9月9日まで)のスコットランド滞在は、私にとって実り多い国際交流の機会となった。それは3つの国際会議に出席したからであった。そのひとつはイギリス科学振興協会年次大会F部会(BAAS, British Association for the Advancement of Science, F Section)、グラスゴウ、ストラスクライド大学、8月27日～29日であり、第2はダンディー大学で開催されたイギリス経済思想史会議(History of Economic Thought Conference, 1985, 8/29-31であり、第3は、アバディーン大学で9月2日～4日に開催された、トマス・リード哲学200年記念国際会議（International Bicentennial Conference on the Philosophy of Thomas Reid）への出席・参加であった。

伝統のあるイギリス科学振興協会F部会は、ベルファスト、クィーンズ大学のブラック教授（R. D. Collison Black）が会長となり、「経済思想」というテーマのもとに報告が組織された。F部会の歴史の中でも経済学史・経済思想史を中心にした特色のある大会となった。私はこれに大きな感銘を受けたので、翌年これがR. D. Collison Black (ed.), *Ideas in Economics* (London: Macmillan, 1986）として出版されたとき、これを監訳することとなった。R. D. コリソン・ブラック編著『経済思想と現代――スミスからケインズまで』（日本経済評論社、1988年）がそれである。

トマス・リード哲学200年記念国際会議は、スコットランド啓蒙思想研究の上で、エディンバラ、グラスゴウに次ぐアバディーン大学の重要性を示すものとして期待されており、コモンセンス哲学の研究という点で、日本に与える影響も大きかった。

私は帰国後、「グラスゴウ・ダンディ・アバディーン、1985年――イギリスにおける経済思想史関連国際会議について」(『経済学論究』41-1、1986年4月）で、これについてかなり詳しい報告をしている。またリード会議については、「トマス・リードとスコットランド啓蒙」（社会思想史学会年報、『社会思想史研究』（第10号、1986年10月）およびイギリス哲学会の『イギリス哲学研究』（第9号、1986年4月）に報告を書いている。

Ian Ross 教授と
（2001年10月、関西学院大学図書館長室にて）

ちょうどこの頃から、欧米でスコットランド啓蒙思想の研究が盛んに行われるようになってきた。そこでこれらの研究に学びながら、あらためて社会科学者としてのヒュームを取り上げたのが、1980年代後半に公表された「ヒュームとジャコバイト・イデオロギー」（『経済学論究』40−1、1986年）や「ヒュームとコート対カントリ論争」（同上、40−3、1986年）、「デイヴィッド・ヒュームとスコットランド啓蒙」（同上、41−2、1987年）等を含む『ヒュームとスコットランド啓蒙―― 18世紀イギリス経済思想史研究』（晃洋書房、1992年）となった。

同じくこの時期に、関西学院大学図書館に所蔵されるようになった『アダム・スミス著作文庫』中に入っていたヒュームのスミス宛未公表自筆書簡について、解読・解説した英文論文が、ロス教授（Ian Simpson Ross）にも助けていただいた “Hume to Smith: An Unpublished Letter”, *Hume Studies*, Vol. 12, No. 2, Nov., 1986である。同じ時期に、自ら編集した論文集『スコットランド啓蒙と経済学の形成――古典経済学研究Ｉ』（日本経済評論社、1989年）や、日本イギリス哲学会によって編集・出版された論文集『デイヴィッド・ヒューム研究』（御茶の水書房、1987年）の共同編集者の一人に選ばれた。

さらに、「古典経済学研究II」として論文集『古典経済学の生成と展開』（日本経済評論社、1990年）を編集・出版した。このほか、グラスゴウ大学のA. S. スキナー教授との交流結果のひとつとして、彼の *A System of Social Science. Papers Relating to Adam Smith*（Clarendon Press, Oxford, 1979）の邦訳『アダム・スミスの社会科学体系』（橋本比登志・篠原久・井上琢智と共訳）（未来社、1981年）が刊行された。これに加えて、それまでスミス研究を中心に書かれた経済思想史研究余滴としての研究エッセー集といえる『アダム・スミスの周辺』（前掲、1985年）が出されている。

1990年はアダム・スミス没後200年に当たるので、エディンバラとカナダのヴァンクーバー、ブリティッシュ・コロンビア大学における国際シンポジウムが計画されたが、これらに先立って、わが国でスミス死後200年記念の国際会議がアダム・スミスの会主催で4月12日～14日、名古屋の中京大学で開催された。実質的には、わが国の代表的スミス研究者の一人である水田洋教授の企画・組織力によるものであった。この会議には、英、米、カナダ、フランス、ドイツ、イタリー、ソヴィエト、インド、中国からの14名と、日本のスミス研究者17名が招待され、スミスの思想体系、思想史におけるスミス、スミス思想の国際的普及という3部構成で行われた。これは日本の経済学史研究史上、最初の国際シンポジウムの開催であった。

私は「思想史におけるスミス」のなかの、グラスゴウ大学スキナー教授の「スミス、ステュアート、ヒューム」の司会・討論者を務めた。この会議はともかく日本のスミス研究の水準をある程度示すという成果をもたらしたことは確かである。私はこのシンポジウムの報告を、A. S. スキナー「スミス、ステュアート、ヒューム」として『経済学史学会年報』第28号（1990年11月）にその要約を書いた（のち『ヒュームとスコットランド啓蒙』、前掲に収録）が、上掲書でシンポジウムの全体についてあらためて書いている。「アダム・スミスと現代――アダム・スミス没後20年記念名古屋国際シンポジウムに出席して」がそれである。

6　近代経済学史研究

スミス研究の一環として出発したマンデヴィルやヒュームの研究に次いで、私の第3の研究対象といえる領域は、1870年代初期に起こったとされるmodern economicsの成立・展開過程であった。それははたして「限界革命」と呼ぶに相応しいものであったのか。「限界革命」が存在したとすれば、それを引起こした原因は何だったのか。それはどのようなプロセスを経て展開されていったのか。そして何よりも重要なことは、その「限界革命」の本質的特徴を何に求めることができるのかが問題であった。

古典派経済学の解体から近代理論の成立・展開過程を、従来のようにただジェヴォンズ、メンガー、ワルラスといったいわゆる「限界革命トリオ」にだけ求めるのでなく、視野をアメリカ経済学の展開へと拡大し、ジョン・ベイツ・クラークをも加えた、いわば「限界革命カルテット」という形で取り上げようとしたところに、私の視点のひとつの特徴があった。これは、私がアメリカの大学院に留学中にアメリカ新古典派のクラークやフィッシャーに関心をもち、むしろクラーク研究を出発点として、それにヨーロッパにおける近代経済学の成立・展開と関連させて取り上げようとした研究経路を反映していたのであった。

したがって、帰国後、関西学院大学経済学部での講義スケジュールとの関連もあって、私は初めは特殊講義として「近代経済学史」を1967年から始めることとなった。1967年の最初の講義案は1971年に増補され、『近代経済学の形成』（玄文社）となった。これは近代経済学の成立に関する一般的な序論に続いて、ジェヴォンズ、メンガー、ワルラス、クラークを取り上げ、限界効用理論における4人の比較と、初期の近代経済学の全般的特徴を解説している。1975年に経済学部で選択科目として「近代経済学史」が開講されたが、これは時期的には、わが国では極めて早いものであった。

1971年は「限界革命」100年を記念する国際セミナーがイタリーのベラジオで開催され、限界革命の成立や本質をめぐる研究が脚光を浴びることとなった。この会議が生み出した論文集、*The Marginal Revolution in Economics. Interpretation and Evaluation*, edited by R. D. Collison Black, A. W. Coats, and C. D. W. Goodwin（Duke University Press, 1973)（コリソン・ブラック他編著、岡田純一・早坂忠訳『経済学と限界革命』日本経済新聞社、1975年）が出た。それに刺激を受けて、私は「『限界革命』100年によせて」（『経済学論究』26-3、1972年）や「限界革命の解釈と評価」（同上、27-3、1973年）を書いている。

このような限界革命100年を記念する学界での動きを背景に、近代経済学史の講義もわが国で次第に現れるようになった。こうしたなかで、出版社からの依頼により、山下　博氏と共同で編集したのが『テキストブック近代経済学史』（有斐閣、1980年、改訂版、1994年）となった。これは全国的にかなりの大学でテキストとして使用されることとなった。

近代経済学史に関連して、マーシャルについては、クラークとの関連を検討したり、とくにイタリーのピサ大学、ラファエリ教授（Tiziano Raffaelli）が中心となった *Marshall Studies Bulletin* に“Recent Marshall Studies in Japan”（No. 3, 1993, Frenze, Italy）を寄稿することとなった。

なお、ブラック教授との交流から生まれた既述の監訳書『経済思想と現代』や1990年代に入っての編著『経済学史』（八千代出版、1997年）も、近代経済学史の研究が不可欠の一要素となっている。

7　日本経済学史研究

イギリス古典派経済学の研究や「限界革命」による近代経済学の成立・展開、および次に詳しく述べることになるアメリカ経済学史研究のはざまに、私の日本経済思想史への関心がある。明治以降の日本の近代化のプロセスに経済思想がどのように対応し展開されてきたのか。そのさい欧米の経済思想はどのように日本人によって受容され変更され、近代化政策の中でどのような役割を担ったのか。堀経夫教授の影響下で、私はかなり早い研究段階から、こうした近代化過程と経済思想との関連という問題に絶えず大きな関心をもって今日に至っている。しかしその研究成果は私の研究領域の一つといえるほどのものを生んでいない。ただ次のものにその関心の一端が見られるだけである。

① 堀経夫著『増訂版明治経済思想史』（編集・増訂・解説付き）（日本経済評論社、1991年）。

② 『堀経夫博士とその経済学史研究』（玄文社、1991年）。これは堀教授の先駆的なリカードウ研究と共に、明治期を中心とした教授の日本経済学史研究を取り上げたものである。

③ 杉原四郎著『日本の経済学史』（関西大学出版部、1992年）の書評（『経済学史学会年報』31号、1993年11月）。日本経済学史研究において堀教授とも関係の深かった、日本経済思想史の本格的な展開者である杉原教授の一書を紹介したものである。

④ Shiro Sugihara and Toshihiro Tanaka (eds.), *Economic Thought and Modernization in Japan. In Association with the Society for the History of Economic Thought, Japan* (Edward Elgar, 1998). これは経済学史学会の事業の一つとして刊行された英文論文集の第1冊であり、杉原教授との共編書である。私は編集実務を担当し、"Preface" に本書刊行の経緯と意義について執筆している。ただ私の発意で開始されたこの英文論文集の企画はその後も生かされ続刊されている。

8 アメリカ経済学史研究

すでにアメリカの大学院、とくにコロンビア大学の大学院への留学が生んだドーフマン教授との運命的とも言える出会いによって開始された、私の第4の研究テーマであるアメリカ経済学史・思想史研究について述べる段階となった。コロンビアから帰国後、ヒューム研究を中心としたイギリス古典派経済学研究の継続と、近代経済学史研究に時間を取られがちであったが、ドーフマン教授に励まされ、アメリカ経済学史研究への関心を高めていった。

帰国後アメリカ経済学史研究として最初に書かれた論文は、J. B. クラーク研究の第1作、「J. B. クラークの経済学――『富の哲学』を中心に」(『経済学論究』(1966年10月)であった。以後クラークに関する論文は、1969年、1970年代、1980年と続き、その後少し中断した後、1988年から1990年代、2000年へと断続的に続いている。

これらの論文で順次、クラークにおける社会的有効効用価値論の形成、限界生産力理論とその倫理的インプリケイション、限界生産力的分配論の形成過程、クラークにおける競争と独占、「J. B. クラーク問題」、独占政策論、クラーク問題とJ. F. ヘンリーの所説、クラークの特殊生産力的分配論をめぐる諸批判、アメリカ新古典派経済学、クラークとマーシャル、クラークとF. H. ギディングズ(未公開往復書簡を中心に)が対象とされた。

とくにそのうち、英語論文としては、

(1) “The Economic Thought of J. B. Clark: An Interpretation

of 'The Clark Problem'", *Perspectives on the History of Economic Thought*: Selected Papers from the History of Economics Society Conference 1988, Vol. III, edited by Donald Moggridge (Edward Elgar, 1990)（これははじめ、Discussion Paper of the School of Economics, Kwansei Gakuin University, March, 1988 として公表された）。

(2) "J. B. Clark and Alfred Marshall: Some Unpublished Letters", *KGUAS*, Vol. 44, March 1996（これははじめ、第1回ヨーロッパ経済学史会議　European Society for the History of Economics, Erasmus University, Rotterdam, The Netherlands, Feb., 1995 で報告された）。

(3) "The Correspondence of John Bates Clark written to Franklin Henry Giddinngs, 1886－1930", edited by Toshihiro Tanaka in *Research in the History of Economic Thought and Methodology. American Economics*, edited by Warren J. Samuels, JAI/Elsevier Science, 2000, 1–245. がある。

クラークにフィッシャーを加えたアメリカ新古典派経済学の研究と並んで、制度派経済学の研究とそれに関連した研究としては、1979 年の「アメリカ制度学派とドイツ歴史学派」（『経済学論究』32-4、1979 年）と「制度学派」（『経済学大辞典』、東洋経済新報社、1970 年、第 2 版、1980 年）をはじめ、"Veblen Studies in Japan: A Bibliography", *Research in the History of Economic Thought and Methodology*, Archival Supplement 6, edited by Warren J. Samuels, 1997, JAI Press, Greenwich, Conn., U.S.A. を生んだ。

1993 年に、本格的なクラーク研究論文を除いたアメリカ新古典派と制度学派を中心にまとめられた論文集は、一応『アメリカ経済学史研究——新古典派と制度学派を中心に』(晃洋書房)として出版された。

これは世界的にも言えることだが、とくに日本の経済学史学界では、経済学史といえば、ヨーロッパ経済学史を指すものという常識が久しく支配してきた。このような状況下で、アメリカ経済学史は、アメリカ経済およびアメリカ経済学が占める国際的重要性にもかかわらず、さらにまた、日本とアメリカとの極めて密接な経済・社会関係——とくに第2次大戦後における——にもかかわらず、研究上当然占めるべき地位を得てこなかった。これが、アメリカ経済学史の研究者が育たず、「アメリカ経済学史」の講義が日本でほとんど見られない大きな背景のひとつをなしている。

私は特殊講義という形で、ときに関西学院大学経済学部で「アメリカ経済学史」を講ずることはあったが、1984年と1988年の2年度にわたって、九州大学経済学部および同大学院での集中講義は、私の研究にとってだけでなく、日本での「アメリカ経済学史」講義をすすめる上で、ひとつの大きなきっかけを提供するものであった。さらにこれから、1989年には関西学院大学経済学部で隔年半年講義という形ではあるが、はじめて「アメリカ経済学史」が開設されるまでになった。私の知る限り、これは日本の大学では最初の正規の常設科目としての「アメリカ経済学史」の講義であった。この講義を通して、私は主として建国期から1920年代くらいまでのアメリカにおける経済思想の展開を取り扱うことができた。そしてこの延長線上に1996年度には、「現代アメリカ経済学史」に当たるニューディール期から第2次大戦後のアメリカ経済学の展開をカヴァーする講義を行うことができたのであった。

わが国では約20名ほどのアメリカ経済学史に関する研究者が互いに情報を交換し、切瑳琢磨してこの領域における研究を促進することを目指して、専門の学会を新たに設立する努力がやがてなされることとなった。これが1995年、阪神大震災（1月17日）後の6月に設立された「アメリカ経済思想史研究会」（The Japanese Society for the History of American Economic Thought）となり、今日に至っている。

この学会は小規模な組織であるが、一応全国規模の学会であり、外国人会員数名を含み国際性もないわけではない。それは年一回大会を開催し、「アメリカ経済思想史研究ニューズレター」（*The Newsletter of the Japanese Society for the History of American Economic Thought*）を1995年から年一回発行している。その第1号（1995年12月）には代表幹事として私は「アメリカ経済思想史研究会創立に当たって」を執筆し、学会の設立の経緯と意義に触れている。「ニューズレター」は現在第8号まで出ている（補注　その後も年1回発行されている）。4人の学会設立呼びかけ人（佐々木晃、白井厚、高哲男の各氏と私）の代表として、私は初代の代表幹事の責任を果たすこととなった（1995–2000）。

アメリカの経済学史学会（History of Economics Society）でも、1980年代から、アメリカ経済学史研究がようやく活発になり、アメリカ人による経済学・経済思想の歴史的展開のもつ重要性に次第に自信をもつようになってきた。そのひとつの現れが1990年代に入って明らかとなった。それは1992年のアメリカ経済学史学会大会で、ドーフマン記念パネル・ディスカッション（Remembering Joseph Dorfman, 1904–91）の開催であった。このパネルはシュート（Laurence

A. W. コーツ教授（1924-2007）
（1999年、ノースカロライナ大学）

Shute）とヴァッサ（Solidele F. Wasser）の司会のもとに、コーツ（A. W. Coats）、デュークのグッドウイン（Craufurd Goodwin）、ハーシュ（Abraham Hirsh）、ロスバード（Murray Rothbard）、サムエルズ、ウェッジウッド（Ruth Wadgewood）の6人に、ドーフマンの弟子の一人として招待された私を加えて、計7名のパネラーによるものであった。

このパネル・ディスカッションは、ドーフマンの経済学史上の貢献をさまざまな角度から評価し、その学問的業績をあらためて確認し称えるだけでなく、アメリカにおける経済思想史研究の意義を問い直す作業であった。このパネルで、私は "Joseph Dorfman and the Studies in the History of American Economic Thought in Japan" と題して、約15分の報告を行った。これは「経済学史家としてのJ. ドーフマン（1904-91）」（『経済学論究』47-1, 1993年4月）として、そして1994年にこれにドーフマンの著作ビブリオグラフィを加えて、同一の題名で英文で公表された（"Joseph Dorfman as an Historian of Economic Thought", *KGUAS*, Vol. 42, March 1994)。ついでに言えば、「経済学史家としてのドーフマン」（共同研究会編『制度・市場の展望』第2号、中川書店、1993年3月）は、講演の形で自由に語った記録である。

このドーフマンに関する論稿において、日本におけるアメリカ経済学史研究について紹介することがあったが、日本におけるヴェブレン研究について、ビブリオと共に、その特徴を紹介する機会が訪れることとなった。それは、たまたま 1985 年にアメリカで出版されたヴェブレン研究の文献目録、*Thorstein Veblen. A Reference Guide*, edited by J. L. Simich and Rick Tilman を見たところ、日本語で書かれたヴェブレン研究としては、論文 5 編だけであり、単行本への言及は皆無であることに驚きを禁じ得なかった。

そこで私は国際ヴェブレン協会（International Thorstein Veblen Association）の会長であるティルマン教授に手紙を書き、日本のヴェブレン研究には、著書・訳書・論文を合わせて、少なくとも 200 点を超える文献があることを指摘した。

教授からの返事で、私はそれらの紹介を依頼されることとなった。そこで国際ヴェブレン協会の 1996 年の大会が、ヴェブレンが学び、J. B. クラークが教えたミネソタのカールトン大学で開催されたさい、これに参加して報告したのが、"Thorstein Veblen Studies in Japan: A Bibliography" である。この時点で私の知り得た文献は 246 点に及んだ。

それまで、英文で書かれた日本人のヴェブレン研究は 1 編もなく、日本語で書かれたヴェブレン研究についての英文による紹介もなかったので、参加者の驚きはそれだけ大きなものであった。この報告はまず、Discussion Paper, School of Economics, Kwansei Gakuin University, October 1996 として公表され、翌年サムエルズ教授編の経済学史論文・資料集に入れられることとなった（*Research in the History of Economic Thought and Methodology, Archival Supplement* 6, 1997）。

1990 年代に入って、私は国際学会への出席・報告などを通して、外国の経済学史研究者との交流をより一層深めることとなった。アメリカの経済学史学会（HES）へは、野村研究基金を得て1992年5月、ジョージ・メイソン大学での大会に参加、すでに述べたドーフマン記念パネルで報告。ついで1998年6月、カナダ、モントリオール大会（ケベック大学）、1999年6月、日本学術会議派遣でノースカロライナ大学での大会に参加している（『学術の動向』日本学術会議、2000年3月、後『風に思う空の翼——風・光・力』関西学院大学出版会、2001年に収録）。

また先に触れた阪神大震災のため住宅の全壊という被害を受け、関西学院大学も一部被害に遭い、当時大学図書館長として大学の危機管理への参加のため、2月10日～11日、ロッテルダムのエラスムス大学で開催された「第1回ヨーロッパ経済学史会議」に残念ながらどうしても出席することができなくなった。そこで報告する予定で準備していたペイパー、“J. B. Clark and Alfred Marshall: Some Unpublished Letters”の代読を、シドニー大学のピーター・グロンヴェーゲン教授（万一、教授の都合がつかない場合は、ピサ大学のラファエリ教授に依頼していた）に依頼し、引き受けていただいたのであった。このペイパーは翌年に*KGUAS*, Vol. 44, March 1996に掲載され、代読されたことが記録されている。

9　アメリカ経済学史研究の展開

私の経済学史研究は1988年頃から、いよいよアメリカ経済学史に集中するようになった。その一つは次のような個別研究である。

(1) "The Studies in Amercan Institutional Economics in Japan"（『経済学史学会年報』 *Annals of the Society for the History of Economic Thought*, Japan, No. 37, Nov., 1999.）

(2)「アメリカ初期自由主義経済学――マクヴィッカー、ジェファスン、クーパー」(1)・(2)（『経済学論究』53-4、1999年12月、54-1、2000年7月）。

(3)「制度主義経済学の新展開と現状」（同上、55-3、2001年12月）（本書のⅤ）。

(4)「パッテンとギディングズ、J. B. クラーク―パッテンのギディングズ宛自筆書簡を中心に」(1)・(2) 同上、56-4、2003年3月、57-1、2003年6月）。

第2は私のアメリカ経済学史研究の経緯と課題について記したものである。「アメリカ経済学史研究断章」（『一橋大学社会科学古典資料センター年報』、No. 9、1999年3月）、『経済学史学会年報』での特集「私の経済学史研究―― 20世紀の学史研究をふりかえって」における「アメリカ経済学史研究の潮流と私」（『年報』38号、Nov., 2000）（本書のⅠ）。

そして第3に、最近の研究成果としては、先に触れた「アメリカ経済思想史研究会」もその基礎がためが終わったところで、この研究会のメンバーによる、わが国最初のアメリカ経済思想史の専門論文集を、日本学術振興会から科学研究費補助金を得て、編者としての私の責任において編集・刊行することになった。それが田中敏弘編著『アメリカ人の経済思想――その歴史的展開』(日本経済評論社、1999年) である。

この論文集は8名の執筆者による、9章から構成されている。序章「アメリカにおける経済思想の展開」(田中敏弘)、第1章「ハミルトンの経済思想」(田島恵児)、第2章「ケアリーにおける反古典派経済思想の形成」(高橋和男)、第3章「アメリカにおけるドイツ歴史学派の影響――「アメリカ経済学会」の成立と展開」(高哲男)、第4章「J. B. クラーク経済学の展開過程――クラーク=ギディングズ未公開往復書簡からみた」(田中敏弘)、第5章「フィッシャーの経済学」(中路敬)、第6章「ヴェブレンの経済思想の現代的意義」(佐々木晃)、第7章「コモンズの経済思想とニューディール」(高哲男)、第8章「タグウェルとニューディール」(西川純子)、第9章「アメリカにおけるシュムペーター――経済学の民主主義論展開のために」(濱崎正規)。

このあと、私自身の概説「アメリカ経済思想史」の仕事が進められたが、2001年10月には長崎県立大学で大学主催の講演「経済学における正統と異端――経済思想の歴史から」を行っている。これは題材としては、大恐慌とニューディール期における正統と異端を扱うものであった。

ついで最も最近のものに『アメリカの経済思想――建国期から現代まで』(名古屋大学出版会、2002年) がある。これは短いプロローグとエピローグの間に10章構成の本論からなっている。第1章「建国期の経済思想――ハミルトン体制とトマス・ジェファスン」、第2章「北東部および南部自由主義経済学── J. マクヴィッカーと T. クーパー」、第3章「アメリカ資本主義成立期の経済思想──「アメリカ体制」派経済学の展開」、第4章「アメリカ資本主義の確立と独占段階の経済学（1）──新しい流れと近代経済学の成立・展開」、第5章「同上（2）──制度派経済学の形成と展開」、第6章「『黄金の1920年代』、大恐慌、およびニューディール」、第7章「ニューディール期のアメリカ経済学」、第8章「ケインズ経済学の導入とケインズ派経済学の盛衰」、第9章「新制度派経済学の展開── C. E. エアーズと J. K. ガルブレイス」、第10章「制度主義経済学の新しい流れ」。

本書はアメリカ経済学史の通論書を目指すものではあるが、その目的は、①個別研究の蓄積の上にたって、アメリカ経済学の歴史的展開の鳥瞰図の作成を試み、全体の流れを明らかにすること、②それによってアメリカ経済学に対する一般的な関心を高める役割を果たすことであった。

というのは、わが国ではこれまで、アメリカ経済学史の通史的概論書といえるものは2冊しか書かれていない。1冊は70年前に出た古屋美貞『米国経済学の史的展開』（1932）であり、もう1冊は第2次大戦後に出版された小原敬士『アメリカ経済思想の潮流』（1951）である。

前者はわが国のみならず、世界的にみても最初の開拓者的な通史といえるが、1930年までを対象とするという限界があるだけでなく、文献の列挙的な紹介が色濃く、アメリカ経済学の中心的な流れは必ずしも明らかではない。

後者は戦後1951年という段階で、現代アメリカ経済学の大きな方向をいち早く紹介した意義は小さくない。しかし、社会主義経済学の立場からややバランスを欠いた枠組みによって戦後アメリカ経済学を捉えようとした点で、その時代的制約と限界は覆いがたい。これに対して『アメリカの経済思想』は、現時点からアメリカ経済の動きを背景にアメリカ経済学の展開を正統と異端という枠組みによって、ダイナミックに捉えようとするものといえる。

10　経済学史研究と国際交流

ところで、シラキュースとコロンビアの両大学院での留学後、私は1970年代と1980年代に2度関西学院大学から在外研究の機会を与えられた。それは1974年から75年にわたる1年間のイギリス留学と、1980年代の終わり、1988年4～7月のコロンビア大学での特別研究期間であった。

1974年4月から9月までの半年をまずグラスゴウ大学で、その後引き続き1975年3月までの後半はケンブリッジ大学にvisiting scholarとして研究に専念することとなった。グラスゴウ大学ではスキナー教授（Andrew S. Skinner）にスポンサーを引き受けていただき、研究室を与えられ、グラスゴウだけでなく、エディンバラ、セント・アンドルーズ、アバディーンというスコットランド4大学の図書館や諸施設を自由に利用することができた。私はヒューム、スミスとスコットランド啓蒙思想家たちの文献調査と研究に焦点を合わせていた。グラスゴウ大学図書館のSpecial Collection Roomを利用し、文献調査を進めることが出来た。

スキナー教授とは何回かにわたり、一方で日本のスミス研究とその現状について、他方ではスキナー教授自身の『国富論』

研究やステュアート、ヒューム研究などについて有益な議論を交わすことができた。またスキナー教授の紹介によってエディンバラ大学では、デイヴィ教授（George Davie）、フィリップソン氏（Dr. Phillipson）、スマウト教授（C. Smout）などから研究上の示唆や資料について有益な情報を与えられた。

エディンバラ大学図書館、ヒュームが館長を勤めたAdovocate Library（現在のNational Library of Scotland）などをかなり自由に利用することができた。私はエディンバラ市内に宿をとり、エディンバラやその周辺、とくにヒュームゆかりのナインウエルズを訪れたり、また古書店も含め、スコットランドを自分の目で確かめたいと思い、出来るだけ広く研究中心の旅を試みることが出来た。

またこの時期に、東ドイツから来ていたペティの研究家であり、すでに知り合っていたタール氏（Peter Thall）と一緒にスキナー教授の自宅でのディナーに招待され、交流を深めることも出来た。

イギリス留学の後半、1974年秋から75年3月まで、客員研究員として過ごしたケンブリッジ大学でのスポンサーは、スラッファ（Piero Sraffa, 1898–1983）であった。これは私の恩師堀経夫先生が『リカードウ全集』の邦訳の関係で、スラッファと交流があったので、先生の紹介によるものであった。スラッファは当時すでに退職していたが、トリニティ・カレッジに住んでいた。彼は高齢のため十分な議論を交わすことはほとんど無理だったが、マーシャル・ペイパーズの利用などについて、またカルドア教授やパシネッティ教授などを紹介していただいたりした。

ケンブリッジに来た私の目的は、大きく2つあった。一つはスキナー教授の紹介によって、当時歴史学部のシニア・レクチァラーであり、クレア・カレッジのフェローであったフォーブズ氏（Duncan Forbes）と知り合い、彼のヒューム研究とスコットランド啓蒙思想研究から刺激を受けることであった。私は彼の難解といわれていた政治思想史の講義“Theory of Modern States: Utilitalians and Idealism”と“Hegel and Marx”に出席すると共に、クレア・カレッジの屋根裏部屋の彼の研究室をいくどか訪ねる機会をもった。とくに1975年にケンブリッジ大学出版部から出ることとなっていた彼の *Hume's Philosophical Politics* のタイプ原稿（約500枚）を読む機会を与えられ、ヒュームやスミスや広く18世紀スコットランド啓蒙思想に関して多くの示唆に富む議論を交わすことができ、極めて有益であった。彼は「インダストリ」概念を中軸とした私のエコノミストとしてのヒューム解釈に興味を示してくれた有力なヒューム研究者の一人であった。

ケンブリッジでのもう一つの目的は、マーシャル・ペイパーズの調査・研究と、ジェヴォンズ研究に関連してマンチェスター大学のジョン・リーランズ図書館での Jevons Collection の調査などであった。ケンブリッジでは、カルドアやパシネッティ、さらに若手のイートウェルの講義に出たりしながら、オックスフォード大学や図書館を訪れた。とくに Oxford Museum of History of Science へ、ジェヴォンズが考案したコンピュータの原型とも言われる logical machine を見に出かけたりした。またロンドンに近いことから、British Library の利用も簡単だったし、古書店めぐりも楽しみの一つとなった。

私は1975年2月にジョン・リーランズ図書館を訪れ、Jevons Collection の調査を行ったさい、23箱からなる Jevons

Papers の Box 1 に入っていた 'Ms' of Annoted Edition of Smith's "Wealth of Nations". Some Notes Ms on Smith' に関心をもった。当時ブラック教授は *Papers and Correspondence of William Stanley Jevons*, 9 vols., Macmillan, 1972−81 を編集・刊行中であり、この Jevons Collection の一部は教授によって借り出されていたのであった。帰国後 1977 年に刊行されたその第 4 巻に接した後、教授の調査を参考に手稿全文の解読と調査を終えまとめたのが、「ジェヴォンズとアダム・スミス――幻のジェヴォンズ版注釈つき『国富論』を中心に」（『経済学論究』41−1、1987 年 4 月。のち『アメリカ経済学史研究』前掲に収録）となった。これはいわば落穂拾いのような形となったが、私のジェヴォンズ理解を深めるのに大いに役立つこととなった。ブラック教授との交流もこれをきっかけに始まることとなった。

マーシャル文書を読み出した時に、すでにアメリカのウィッテイカー教授（John King Whitaker）によってその調査がすすみ、*The Early Economic Writings of Alfred Marshall, 1867−90*, 2 vols.（London: Macmillan, 1975）として出版される直前であることを知った。私はウィッテイカー教授と連絡をとり、Marshall Papers について示唆を与えられることとなった。

ケンブリッジから帰国の途上、ロンドンからアムステルダムへ飛んだ。その目的の一つは、マンデヴィルの生まれ育ったオランダを見、とくにライデン大学図書館でマンデヴィル関連の原資料を調査することであった。デルフトを見た後、パリで数日を過ごし帰国することになった。

コロンビア大学における特別研究は、もっぱら大学図書館の Rare Book and Manuscript Room で J. B. Clark Papers の調査に終始するものであった。むろんこれに関連してMitchell Papers、Seligman Papers等の基礎資料のチェックも仕事の一部であった。この時のスポンサーは、理論経済学者であり経済学史の研究家でもあるデューイ教授（Donald Dewey, 2002年没）であった。デューイ教授はドーフマン教授のあと経済学史の担当教授でもあった。

クラーク文書の徹底した調査と読みによって、私のクラーク研究は新しい地平に目を開かれることとなった。この文書を徹底して初めから終わりまで調査した人は今までなかったという確信を得ることができた。しかしその反面、この文書を精査したことは、それまでの私のクラーク研究をそのまま研究書として一冊にまとめることを躊躇させることになった。しかしこの作業によって、私ははじめてドーフマン教授が示された経済学史研究の水準に少し近づくことができのではという希望も見えてきたように感じた。

ちょうどコロンビアにいた1988年の6月にトロント大学で開催されたアメリカの経済学史学会、第15回大会において、研究報告を行う予定であったが、あいにく風邪のため欠席せざるを得なかった。すでに報告論文はフルペイパーの形で提出済だった。これが編者のモグリッジ教授（Donald E. Moggridge）によって、135を超える大会報告のうちの16編の優秀論文の一つに選ばれることとなった。“The Economic Thought of J. B. Clark: An Interpretation of ‘The Clark Problem’”, *Perspectives on the History of Economic Thought*: Selected Papers from the History of Economics Society Conference 1988, Vol. III, edited by Donald E. Moggridge (Edward Elgar, 1990）がそれである。

デューイ教授は何回かのディスカッションの機会を作って、私のクラーク研究について種々有益なアドヴァイスを与えられただけでなく、教授が手がけていたナイト研究について多くの示唆を与えられた。またドーフマンがいなくなった後のコロンビアの経済学史研究の状況や、アメリカにおける経済学史研究の現状と問題点についても多くの教示を受けることができた。

小林昇先生
『経済学史著作集』完結記念パーティ
（1980 年 3 月 2 日）

11　経済学史研究上の先達たち

このように、私の研究生活は、とくに多くの師や先達や同僚によって導かれ、刺激を受け、さまざまな形での出会いと交流の形をとって促進されてきた。第一にリカードウの *Principles* の講読から博士論文の作成と、その後の私の経済学史研究のすべての段階で指導を受けた、恩師堀経夫先生がその出発点をなしている。そして国内では、とくに重商主義研究、マンデヴィル研究、ヒューム研究、スミス研究において、1955 年以来終始最も大きな研究上の示唆と支援と励ましを得ている小林昇教授は、私の研究生活の上で特別の地位を占めている。また堀先生と関係の深かった杉原四郎教授は、日本経済思想史に関する英文論文集の編集において、懇切な指導を得るという表立ったことだけでなく、教授の日本経済思想史研究やミル研究から絶えず学ぶところが多かった。これらの経済学史研究における大先達がおられなければ、私の研究自体が成り立たなかったかもしれない。

これら3人のほか、私は経済学史学会やアダム・スミスの会などの活動を通じて、水田洋教授はじめ、いちいち挙げることができないほど多くの研究者との交流によって、そのつど大きな利益を得てきたことを記しておかねばならない。学会としては、私自身、一時期（1961-66）経済学史学会の事務担当者として事務局を預かり、また幹事（1966-81）、常任幹事（1981-91）に選ばれ、代表幹事としての責任を負った（1991-93）ことで、経済学史学会の活動は、私の研究生活の重要な一面を映し出しているといえる。

私の研究上の交流は、今では珍しいことではないが、早くから国際的交流という点で一つの大きな特徴をもつものであった。当時としては私は、そう多くないこうした国際的な日本の学史研究者の一人であった。こうした交流は、さまざまな機会にさまざまな形で私の研究生活の上で不可欠なものとなり、大きな刺激と利益を与えるものであった。

アメリカ留学をはじめ、イギリス留学やコロンビアでの研究生活の機会は無論のこと、この他にイギリスやアメリカ、カナダ、オーストラリアなどでの国際学会への参加（ときに報告）や、また中国吉林大学との交換教授としての経験（1990年8月～9月、シラバス「近代経済学史——限界革命からケインズ革命へ」180頁を使用しての経済系における近代経済学の集中講義）などを通して交流を深めることができた外国の経済学史・経済思想史の研究者について特記しておかねばならない。

経済学史学会代表幹事　堀経夫先生と内田義彦教授と事務局の田中
（1962年11月、宇高連絡船上にて）

すでに触れたが、外国留学にともない指導を受けたウンゲル教授、ドーフマン教授、デューイ教授に加えて、スキナー教授と故フォーブズ氏の支援に感謝しなければならない。国際学会での出会いや、関西学院大学の客員教授として迎えたことや、同経済学部のEconomics Seminarのゲストスピーカーとしての講演などを通じ、国際的に活躍していた、コーツ教授（1983 ――これは以下Economics Seminarの行われた時を示す――）、故ロートワイン教授（1990）、サムエルズ教授、ブラック教授（1999）、グロンヴェーゲン教授、プレン教授（1992）、ブラウグ教授、ロス教授（1985/2000）、シュート教授、ティルマン教授、モグリッジ教授、ラファエリ教授、スタイン教授、その他を挙げなければならない。

なかでも、スキナー教授、フォーブズ氏、ニューヨーク市立大学のロートワイン教授、シドニー大学のグロンヴェーゲン教授、ミシガン州立大学のサムエルズ教授との交流は特記に値するものであり、ここにあらためて謝意を表したい。

まずスキナー教授とは、1974年に半年間グラスゴウ大学で研究生活を送ったときに交流が始まり、1978年（3月～4月）には、日本学術振興会からの資金を得て、関西学院大学の短

アンドルー・S・スキナー教授と
関西学院大学でのセミナー後に（1978年）

期客員教授として迎え、関西学院大学以外に、経済学史学会、アダム・スミスの会、イギリス哲学会をはじめ、九州大、神戸大、名古屋大、中央大で講演やセミナーが開催された。スキナーの主著『アダム・スミスの社会科学体系』（未来社、1981年、橋本・篠原・井上との共訳）や、アダム・スミスの会での報告「A. S. スキナー『アダム・スミスの社会科学体系』をめぐって」（『アダム・スミスの会会報』No. 44、1983年）を初め、論文や日本での講演の邦訳など計8点を書いて、スキナーのスミス研究を日本に紹介している。

次にフォーブズ氏について。ケンブリッジでの交流についてはすでに触れたが、とくに彼のヒューム研究に関しては、「政治思想におけるヒュームとスミス―― D. フォーブズ氏のヒューム研究によせて」（『経済学論究』30-2、1976年7月）とアダム・スミスの会での報告およびその記録「Duncan Forbes 氏のヒューム研究」（『アダム・スミスの会会報』No. 38、1977年6月）がのこされている。

故ロートワイン教授との永い交流は、私のアメリカの大学院留学前に遡る。教授が関西学院大学経済学部で非常勤講師として講義を担当されていた時、ヒュームについて多くの指導を受けた。その後長らく英語論文のブラッシュ・アップで得がたい助力を得、1990年には1年間、関西学院大学の客員教授として「経済学史」と「アメリカ経済」の2講義を担当してもらい、教員向けの研究会も数回開いてもらった。

ユージン・ロートワイン教授（1918-2001）と（1988年5月）

グロンヴェーゲン教授とは、プレン教授と同じく、後述するオーストラリア経済学史学会創立会議で交流が始まり、その後彼が編集・刊行していた古典のリプリントなどの日本の研究者への配布などが続いたが、田中編の『古典経済学の生成と展開』（日本経済評論社、1990年）に“Marx's Conception of Classical Political Economy: An Evaluation”（大田一廣・田中敏弘訳「マルクスによる古典派経済学の把握――一つの評価」という特別寄稿論文が寄せられている。そして既述のように、1995年の第1回ヨーロッパ経済学史会議での私のペイパーを代読してもらうこととなった。

プレン教授について一言すれば、1981年5月にオーストラリア、アーミデイルのニューイングランド大学でプレン教授の世話によって、オーストラリア経済学史学会の創立会議が開催されたさい、私は日本学術会議から派遣されて参加し、日本の経済学史学会について報告をしたときに、交流が始まった。これは「生まれたての経済学史学会――オーストラリア経済学史学会」ほか1編として、『アダム・スミスの周辺』（前掲）に収録されている。その後1992年に経済学史学会の招聘によって来日し、学史学会大会での講演をはじめ、幾つかの大学でセミナーが行われた。

サムエルズ教授とは、ドーフマン記念パネルで出会って交流が続き、すでに記したように、J. B. クラーク＝ギディングズ往復書簡の出版（2000）に際して大きな支援を受けることができた。

最後にピサ大学のマーシャル研究家、ラファエリ教授との出会いには、彼が編集していた*Marshall Studies Bulletin*の日本の研究者への配布、日本のマーシャル研究者との交流の橋渡し役として始まった。1993年には既述のように、私はこの研究情報誌に“Recent Marshall Studies in Japan”（Vol. 3）を寄稿している。1994年9月には経済学史研究会のセミナーで講演し、イタリアと日本の学史研究者との交流に貢献してもらうこととなった。

12　その他

こういうわけで、外国の学史研究者との交流は、私の研究に国際的色彩という特徴を与えることとなった。しかし私の研究生活は、大学の管理上の役職など、研究にとっては重荷となる役割が次第に増えてゆくこととなった。まず、いわゆる大学紛争期には、教員は誰も紛争への対応にエネルギーを取られることになったが、私の場合は、1969年から1973年まで約4年間、関西学院大学の紛争解決と大学改革のため、学長付的な仕事を担うこととなった。これは非常に苦しいときであった。そして1981年から84年には経済学部長・大学院経済学研究科委員長に選任された。大学評議会評議員（1981年から退職する1998年まで）の役職によっても大いに研究時間とエネルギーが消費された。

ところがこれは、定年退職前、1992～98年の6年間に及ぶ、新しい大学図書館建設期の図書館長に選ばれ、図書館の建築、その近代化、デジタル化、そのための諸々のルール作成、大学全体の図書情報の統一などの仕事に比べれば、それほどのものではなかった。

さらに、これは研究とまったく無縁という訳ではないが、経済学史学会からの推薦によって日本学術会議（第三部）会員に選出され、頻繁に上京しなくてはならない日々が続いた。これは負担ばかりでなく、一方では自然科学者や人文科学者とも交流し、日本の科学政策という大きな問題を考える上ではプラスの面も確かにあったものの、直接的には私の研究はかなりのペースダウンを強いられることとなった。それでも、後になってみれば、こうした管理上の責任が1980年代から90年代にかけて、私は研究上の成果にこだわるかのように活動を活発化させていたことがわかる。一番エネルギーに満ちていた時期だったのかもしれない。

なお、教育に関連しては、次のような諸大学で非常勤講師として講義を担当している。関西学院大学経済学部および大学院経済学研究科での講義・ゼミナールのほかに、記述の九州大学経済学部、同大学院のほか、関西大学（経済学古典講読、1966–73年）、四国学院大学（近代経済学史、1968年）、関西大学（近代経済学史、1976年）、神戸商科大学（近代経済学史、1981年）、甲南大学（近代経済学史）、大阪学院大学大学院（アメリカ経済学史、1995–2001年）、および同大学経済学部（経済学史、1996–2000年）がある。

13　むすび――残された課題

さて最後に、現時点で残された研究課題は何かについて簡単に付言しておきたい。その第1は、思わぬ年月を要することとなったクラーク研究を『アメリカ新古典派経済学の成立―― J. B. クラークの研究』(仮称) として一書にまとめ刊行することである。(補注) これは『アメリカ新古典派経済学の成立―― J. B. クラーク研究』(名古屋大学出版会、2006年) として刊行された。

第2は、『アメリカの経済思想』のうち、十分触れられなかった部分の増補・改訂作業である。おそらく第2次大戦後のアメリカ経済学については、初めの計画に戻って、別の一冊を新たに書き下ろす必要があろう。

第3には、私の英語論文からセレクトした英文論文集 *Studies in the History of Economic Thought: The Selected Essays of Toshihiro Tanaka* の出版である。これには Part I, The History of American Economic Thought: John Bates Clark and the Institutional Economics と Part II, The History of the British Economic Thought in the 18th Century: Bernard Mandevlle, David Hume, and Adam Smith が含まれることになる。

第4には、二つの訳書の仕事が残されている。その一つは現在一部手がけているクラークの『富の分配』(*The Distribution of Wealth*, 1899) である。(補注) これは田中敏弘・本郷　亮訳『富の分配』(日本経済評論社、2007年) として刊行された。もう一つはヒュームの『道徳・政治・文芸論集』(*Essays,*

Moral, Political and Literary）の邦訳である。この他、これまで気になりながら果たせなかった幾つかの小さな仕事が残されている。今後はこれらの課題に向かって取り組んでゆきたい。

（ここに言及された私の著作については、1998年までは『経済学論究』52-1、1998年退職記念号を、その後については、とくに「アメリカ経済学史断章」（前掲、1999年）、「経済学史研究と私――学問・思想・キリスト教」（『経済学論究』53巻2号、1999年　）、"The Studies in American Institutional Economics in Japan"（前掲、2000年）、「アメリカ経済学史研究の潮流と私（前掲、2000年）、『アメリカ経済思想―建国期から現代まで』（前掲、2002年）、および「アメリカ経済学史の課題と展望」（『京都学園大学総合研究所所報』第4号、2003年3月）を参照されたい）。

III

経済学史研究について[1)]

——若い世代の研究者へ

1　はじめに

経済学史学会からの依頼で、今日の話を引き受けることになったが、新たに経済学史研究を開始された若い研究者の皆さんに、何か少しでも役に立つことを話せるのか、手探りの状態といえる。既に「研究テーマの選定と論文作成の技法」については話があったと聞いているので、重複を避け、私は経済学史研究をもう少し別の視点から、全体を見渡して、重要ではないかと思われる点について、少し触れてみたい。

私は年月だけは、50年以上、経済学史研究者として過ごしたことになる。むろん、50年という年月は、それだけでは何の意味もなく、その中身が問題であることは言うまでもない。しかしこの間に幸いにも、私は国内外のさまざまな優れた経済学史研究者に出会い、学ぶところが多かった。それでここでは、学史研究について何か抽象的な話をするよりも、貧しいものだが、私自身の経験をもとに、私が学び考えたことを、出来るだけ具体的に、いくつかの点に焦点を絞って取り上げてみたい。したがって、経済学史の方法論を今ここで正面から取り上げるつもりはない。これは来年の学史学会の共通テーマに決まっているので、そちらに委ねたいと思う。ここではフォーマルにではなく、カジュアルな形で経済学史研究について語ってみたい。

2　歴史研究としての経済学史研究
――テクスト、コンテクスト、用語の徹底した読み

経済学史、経済思想史研究といえば、それは何よりも歴史研究の1つであり、経済学説や経済思想に関する歴史的文献を取り扱う研究である。したがって、何よりも最も基本的に重要なこととして、そうした文献のテクストをいかに正確に読み、理解するかが要求される。

これは学史研究の基本の基本ゆえ、あらためて言うまでもないことである。たとえば、スミスの経済学について論じる場合には、何よりもまず、少なくとも『国富論』の原典を自分の力で、初めから終わりまで読み通すことが、まず不可欠の研究過程をなすはずである。

ところが今日、この常識は残念ながら、一部であれ、必ずしも守られていないのではという危惧の念を持つことがある。もう10年以上も前のことだが、経済学史学会大会でのスミスに関するある研究報告の直後に、「あなたは一体『国富論』を読まれたのですか」というコメントが出たことがある。これはわれわれの学史学会のスミス研究をリードする学会長老からの慨嘆を含む厳しいコメントであった。これはちょっと極端な事例だが、今あらためてこのような事例に触れなければならない残念な状況もみられるところに、やはり問題が感じられる。

次に、学史のテクストの正確な理解のためには、その対象とするテクスト自体はどのようなコンテクストのもとに書かれたのかを、的確に把握することが求められる。その著者の人物や、テクストの経済・政治・社会的背景や、学説史・思想史的背景などの深い理解なくして、実際テクストの正確な理解は困難であることも、言うまでもない。ただ単純で狭い理論的意味での理解に終始するならば、それはテクストを本当に理解したことにはならないからである。

第3に、とくに学説・思想理解のキーとなるような特定の用語の正確な把握が極めて重要である。一例を挙げれば、18世紀イギリスの経済思想に関して言えば、“trade”, “industry”, “commerce”, “arts”, ときに“arts and industry”などといった形で登場する用語の持つ意味を、慎重に吟味することが不可欠である。“circulation”という用語もその一例といえる。私はヒュームの経済思想を初めて全体として理解しようとしたとき、“industry”という用語が最も重要なキー・コンセプト、少なくともそのひとつではないかという読みに達したことがる。これは今もなお、私のヒューム理解の核の1つをなしているといえる。

第4に、学史上の文献の読み方に関して、私の恩師の堀　経夫先生は、こうした意味のテクストの理解を最も徹底して指導され、それは当時から「原典主義」と呼ばれていた。原典のテクストを自分の目で読むことが、第一に重要なことであり、研究文献に頼りすぎるなということであった。研究文献は所詮2次文献であり、その1つに過ぎない。とくにファッショナブルな研究動向を安易に自らの研究の出発点にしないことであった。私は大学のゼミナールでまずこのことを、リカードウの

Principles の徹底した厳しい講読で教えられ、これが私の学史研究の出発点となったのであった。

また、原典テクストの丹念な精読と、その膨大な蓄積に基づく研究という点で、私は小林昇先生（と、私は呼ばせていただいている）のリスト、イギリス重商主義、ジェイムズ・ステュアート、スミス等に関する重厚な研究をいつも手本とすることが出来、個人的にも経済学史研究全般について、実に多くのことを学ぶことが出来た。

「原典主義」の原典は、印刷された著書、論文、書評、その他だけではない。書簡、日記、メモランダム、その他の手書きの文書類など可能な限り追い求め、それに徹底的に目を通すことの重要性を身をもって示し、教えていただいたのが、私が1960-61年にコロンビア大学大学院で学んだときの指導教授だった故 Joseph Dorfman 教授[2)] であった。今日では、こうした第1次資料の日本人による発掘・解読・編集に基づく学史研究も、機会に恵まれれば、ある程度可能な時代になったので、こうした研究に必要な能力を日ごろから身に着けておくことが重要になってきたといえる。

私はドーフマン教授の教えに従い、例えばクラークとギディングズの “Correspondence” やパッテンの自筆書簡、マーシャルとクラークとの往復書簡、ヒュームのスミス宛書簡などの解読・編集・解題を手がける機会を与えられることになった。とくにクラークの “correspondence” の刊行については、アメリカ経済学史学会大会で知り合った Warren J. Samuels 教授に世話になることができた。またヒュームの手紙については、カナダのブリティッシュ・コロンビア大学のスミス伝研究者で著名な Ian Ross 教授から親しく多くを学ぶことが出来、この書簡を『スミス全集』の書簡集の中に入れてもらうこととなった。

3　外国語能力の練磨について

テクストの正確な理解に関連して重要なのは、まず欧米の文献の読解力を常に高めるように心掛けることであるのは言うまでもない。これは私の反省をも込めた言葉であり、若いときにもっと広く深く、外国語の能力の向上に時間を割くべきだったと感じるからである。英語は無論のこと、とくに学史研究では、フランス語やドイツ語、あるいはその他必要な外国語の能力に磨きをかけることは、今もこれからも変わらず必要である。

私がはじめてアメリカのシラキュース大学大学院に留学したとき、指導教授はハンガリーからアメリカに亡命する形で帰化した、著名な経済学者の1人 Theo Surányi-Unger 教授だった。教授はハンガリーのブダペスト大学、パリ大学に学び、ブダペスト大学や、オーストリアのインスブルック大学の教授を経て、当時シラキュース大学とドイツのゲッチンゲン大学の教授だった人である。それに客員教授として出向した大学は、ウィーン大学、ベルリン大学をはじめ、コロンビア大学、イェール大学、その他多くの大学に及んでいる。

このような国際的な先生の外国語力は英、独、仏、イタリア語など抜群で、私はただ圧倒されるだけであった。先生はハンガリーの男爵であり、夫人は子爵だったので、フランス語を最も得意とされていた。その流暢で上品なフランス語には舌を巻くばかりだった。

このような錬度の高い外国語力が先生の経済学研究範囲を自由に拡げさせ、理論、学史、比較経済体制論などにおいて、国際的な研究を可能にしていたのであった。要するに、外国語の数と錬度の高さが、とくに学史研究の場合、基本的にいかに重要かということを目の当たりに学ぶことが出来たのであった。

とりわけこれからは、英文による研究論文の発表と、とくに国際語としての英語による自由なディスカッション能力がますます不可欠になってくる。国際的な学会での英文による学会報告と英語によるディスカッションを通しての有効な交流は、国際的な交流活動に不可欠であり、こうした能力がこれからますます当然のこととして求められるだろう。

最近は、日本の学史学会の会員のうちにも、こうした面でも高い能力を備えた研究者が次第に増加してきているが、やはりまだそれは一部にとどまっていて、十分とはいえないようである。今日通信・交通手段の急速な発達によって、国際的な研究交流もはるかに容易になった。しかし研究上の国際交流は、結局のところ、公私共に、最終的には直接的な人的交流が最も肝要といえるのではなかろうか。

私の貧しい経験からしても、外国の学史研究者とのさまざまな交流によっていかに多くの刺激と助力とを得ることが出来たか。それらがなければ、私の学史研究は違ったものになったに違いない。例えば、イギリスでは、スミス、ステュアート、ヒューム研究などで著名なグラスゴウ大学の Andrew S. Skinner 教授、主としてジェヴォンズ研究家として知られるダブリンの R. D. Collison Black 教授、ケンブリッジのヒューム政治思想の研究者、故 Duncan Forbes 氏、ヒューム経済思想の研究で著名なニューヨーク市立大学の故 Eugene Rotwein 教授（2001

年2月没)、コロンビア大学の理論家で学史家でもある故Donald Dewey教授、オーストラリア、シドニー大学のPeter Groenewegen教授[3)]、それに、スミス伝やスコットランド啓蒙研究で知られるカナダ、バンクーバーのブリティッシュ・コロンビア大学のIan Ross教授がそうである。さらに挙げるとすれば、イタリア、ピサ大学のマーシャル研究家、Tiziano Raffaelli教授、それに、ジョン・モーリス・クラーク研究で知られるカリフォルニア州立工科大学のLaurence Shute教授やSolidelle Wasser氏ほかのドーフマンの弟子たち、その他漏れなくあげることは出来ないが、実に数多くの優れた研究者たちとの公的・私的両面における交流を通じてえた経験は、何よりもかけがいのないものであった[4)]。

思えば、これらの研究者との出会いは、ヨーロッパ、北アメリカ、オーストラリアなど、同じ研究領域で同じ研究関心を共にする人々との出会いという、一種の必然性を感じるとともに、何よりも、幸運による出会いであったと言わねばならない。

4　国際交流の一層の拡大・深化

経済学史研究の一層の国際化の流れのなかで、とくにこれからの若い研究者の方々は、出来る限り億劫がらずに、経済学史研究に関する国際的な会合に積極的に参加し、研究報告を行ったり、世界レヴェルでの学史研究誌に論文を進んで投稿することを目指してほしい。なんでも英文にすればよいというものではないが、日本における優れた学史研究で今なお外国に知られていない業績が多いことを、われわれはよく知っているからである。

これは若手研究者に限らず、むしろ日本の学史研究者全体にかかわる学会自体の問題であるが、世界の学史研究者と対等に交流し、研究を進めるための具体的活動のうち、重要なものとして、独立した世界的水準を維持した経済学史研究の英文ジャーナルを持つことが、今最も求められていると思われる。無論、学史学会が現在継続している英文論集シリーズの刊行をさらに発展させることは必要であるし、さらに学史学会大会における報告などのもっと徹底した国際化も重要であることは言うまでもない。しかし、財政上の問題など、直面する課題の厳しさは理解できるものの、世界最古といってもよい、さらにそのうえ、最多会員を要する日本の学史学会が世界に通用する英文ジャーナルをいまだに持たないことの異常さを、一刻も早く解消することが必要と思われる。これは特に若手研究者の将来のために、是非早期の実現を期待したい。

これは余計なことかもしれないが、英文論文を実際書くときに望まれるのは、やはりネイティブによる適切な英文チェックである。ただこれには、出来れば、学史研究者が最も望ましいし、少なくとも経済学を理解するネイティブの助けを借りることが重要である。ただ、ネイティブであるということでは、時に改悪さえ起こりかねないからである。これは、私が学史学会の最初の英文論文集、*Economic Thought and Modernization in Japan*（Edward Elgar, 1998）を、杉原四郎教授とともに編集した際にも経験したことであった。

この点に関連して、私は先に挙げたロートワイン教授に出会うことが出来、教授は討論相手として、またとくに私の英語表現のブラッシュアップのために欠くことのできない存在で、長年にわたり貴重な助力を得ることが出来て幸いであった。出来れば、こうした研究者を確保することがひとつのポイントであり、それは相互に有益で楽しい経験になろう。

5　研究枠組みと研究資料

これはやや小さい問題と思われるかもしれないが、最近若い方々の報告を聞いて感じることに1つに、最初にあげたテクストの読みとも関連して、研究枠組みと研究資料自体の関連という問題があるようである。

学史研究のある枠組み——とくにファッショナブルな枠組み——に気をとられ、そこで扱われている第一次資料のテクスト自体の解読が不十分で、中途半端なものになる場合が見られる。経済史研究で経済史家が最も尊重する第一次資料の厳しい取り扱いが、学史家の場合、その厳しさにおいて必ずしも十分といえない場合が最近少なくないのでは、という問題である。

逆に、新しい第一次資料を見つけ取り上げる際に、資料のみにとらわれすぎて、その資料を評価する際の枠組みが必ずしも明確でない場合が散見される。

無論、新資料の読み取りには、何らかの枠組みや、それに基づく歴史的な蓄積の利用が必要である。逆に、新資料の分析の結果、これまでの枠組みの修正を行う必要が生じる場合があることは言うまでもない。

このように、両者の相互関連と両者の間の緊張関係の認識が重要と思われる。したがって、新しい第一次資料が何よりも重要なときには、むしろ枠組みの再チェックが、逆に枠組みがとくに重要なときには、むしろ第一次資料のテクストそのものをより一層慎重に扱う姿勢が必要となるのではなかろうか。

6　学史研究と現代社会意識

現代に生きる現代人としての鋭い社会意識なくして、本来の学史研究は成り立たない。これは学史研究にとってきわめて重要な要素に違いない。経済学説や経済思想の根底には、一定のヴィジョンもしくはプリコンセプションが存在しているといった、ヴェブレンやシュンペーターの言うことが認められるならば、われわれ現代に生きる学史研究者のヴィジョンは、その研究者自体とどのようなかかわりを持つのかという問題である。ここでは、若い研究者は年配の研究者に比べて、優位に立っているはずである。新しいヴィジョンにたつことが何よりも求められる新しい研究を進めるためには、この新鮮な時代感覚における優位を生かすことが求められている。学史研究のテクニカルな扱い自体とは別に、その背後に研ぎ澄まされた現代に生きる研究者としての現代の経済社会状況認識が、新しい学史研究を切り開くことにつながるのではなかろうか。これを欠くときには、ただ従来の研究の単なる継続ないし補充的な研究に終始する危険が大きい。問題は、このことをどこまで明確に認識しているかにかかっているといえるのではなかろうか。

ただし、現代人としての社会意識は、学史研究のテーマ選択や研究の基本的な方向付けに影響することはあっても、研究それ自体とそのまま直結する場合は、歴史研究としての意義が大きく損なわれる危険が生じることになる。このような場合、学史研究はもはや目的ではなく、単なる手段と化してしまうことになりかねないからである。

例えば、現代の経済政策、あるいは経済理論に関する研究者の意識が絶対化され、そこから歴史がただ手繰り寄せられるような場合には、経済理論の歴史も、経済政策思想の歴史にしても、その歴史的意義をほぼ失うことになる。最近一部に見られる、経済政策や経済政策思想中心の学史研究を特に強調し重視する研究自体が、それなりの意義を持つことは当然であるが、それを強調するあまりに、それではない学史研究を否定的に捉えたり、さらに行過ぎて、それらを排除しようとするのは明らかに誤りといわねばならない。これは現に、学会のウェッブ上に見られたことであり、後味のよくない結果だけを残したことは、まだ記憶に新しいことである。ウェッブの利用の仕方においても、ただ未熟さが目立った事件であった。

一方でポストモダンが学史研究においても言われながら、他方でこのような方法の絶対化が顔を出すといった状況に、問題を感じないわけにはいかない。

7　研究主体のもうひとつの問題

ここで、経済学史を研究する研究主体のもうひとつの問題に触れておきたい。経済学史研究がそのうちに含まれる歴史研究は、そもそも極めて地味なものであり、報われることの少ない研究といえる。ドーフマンがアメリカの経済学史学会からDistinguished Scholarとして表彰を受けたときに述べたように、経済学史研究というものは、その研究者が生きている間に報われることはまずないのであり、もしあっても、それは例外的なものである。歴史研究とは総じてそのようなものなのである。若くして学史研究を目指す方は、とくにこのことを改めて確認しておかねばなるまい。

学史研究（広くは経済学研究）と学史研究者としての主体的な生き方の問題に関連して、一言だけ付け加えておきたいことがある。よく耳にする言葉に、社会科学者の場合、あとに残るものは、研究業績——論文や著書など——だけだと。私はこのことを、あるスミス研究の大家から幾度も聞いたことがある。実際その通りである。しかしながら、何を書き残したかが果たしてすべてかといえば、必ずしもそうではないのではないか。学史研究者として書いた業績よりも、むしろ「書かなかったこと」のほうが重要であることがある。

例えば、第２次大戦中、画家が苦渋の末とはいえ、戦争画を描き、音楽家が同じく軍歌を作り、戦争音楽に加担し、作家、詩人、歌人といった文学関係者も、それぞれに戦意高揚的な作品を書き残した人々がかなりいたことは確かである。しかし、そのような状況においても、一方では、そのようなものを一切作らず書かず、残さなかった人たちがいたこともまた確かなことであった。

経済学史研究の場合、同じ戦争中に、時局に迎合した研究者が現れたこともまた確かなことである。軍事政権からの追及を避けるために、心ある学史研究者は、ぎりぎりのところで、テーマの選択や記述において苦渋をなめつつ、研究を継続したことが知らされている。

しかし、戦後になればなったで、あるイデオロギーの宣伝活動に直接かかわり、それに基づく学史研究を行う研究者が現れたことも、われわれはよく知っている。

こうしたことに手を染めず、書かなかったことが、こうして業績を残した人々よりも、はるかに大きな価値を持つことを今思わざるを得ない。こう言うわけで、画家や作家である前に、人間であることの自覚が重要であるように、学史研究者である前に、人間であることの自覚が問われる場合があるということである。現在われわれが置かれている社会状況を見るとき、こうした問題はけっして別世界の問題と言ってしまえないのではなかろうか。

最後に、締めくくりとして、新鮮な感性にあふれた若手の経済学史研究者の皆さんに是非伝えたいことは、結局次のことに尽きる。研究に臨んでは、どうぞ視野を可能な限り広くし、日本語も含めた語学能力を磨き、装備をしっかりと整え、自信と勇気を持って、絶えずアグレッシブに、新しい学史研究の地平を自ら切り開かれることを願い、期待してやまない。

〈注〉

1) 本稿は経済学史学会の企画・交流委員会（委員長　高哲男）によって企画開催された「第1回若手研究者育成プログラム」(2006年9月5-6日、関西学院大学）において行われた特別講演の記録である。ただし、「あります」調を改めるとともに、当日時間の都合で省略した部分を若干加え補正した。

2) 故ドーフマン教授と約束して以来長い年月を経てしまったが、『アメリカの経済思想——建国期から現代まで』（名古屋大学出版会、2002年）に引き続き、『アメリカ新古典派経済学の成立—— J. B. クラーク研究』（名古屋大学出版会、2006年）をまとめることが出来た。クラークの主著『富の分配』の邦訳は、本郷亮氏（弘前学院大学）の助力を得て完了し、2007年春には出版される予定。

（補注）これは2007年7月に、日本経済評論社から、「近代経済学古典選集（第2期）」の1冊として刊行された。

3）　グロンベーゲン教授からの依頼により、オーストラリア経済学史学会（HETSA）の創立25年を記念した *History of Economics Review* に、その創立会議に参加した1人として短いコメントを寄せた。それが“Australia and Japan and the Study of the History of Economic Thought”, *History of Economics Review*, No. 43 Winter (2006)である。なおこの日本語版は近く『経済学史研究』に出る予定。（補注）これは本書の付Iとなった。

4）　ここに挙げた研究者たちとの関連や、それから生まれた私の仕事については、とくに本書のIIを参照されたい。

Ⅳ

マンデヴィル、ヒューム、ステュアート、スミス　再訪

——市場と為政者の視点を中心に※

1　はじめに

(1) マンデヴィル付き、ヒューム、ステュアート、スミスのデルタ

今日の私の話は、マンデヴィルの付いたヒューム、ステュアート、スミスというデルタの概観と若干のコメントという内容になる。これは長崎のガラス細工、長崎ビードロに似て、吹き方により微妙に音色が変わることになる。

ただテーマが膨大なため、ここでの話はあくまで「スケッチ」に過ぎないし、しかもこのスケッチは、研究報告というよりは「研究エッセイ」にとどまることを初めに断っておきたい。

(2) 最近の研究状況概観

まずこのデルタに関する最近の研究状況の概観に触れておこうと思う。論文の末尾にとりあえず最近の主だった文献だけを挙げておいたので参照されたい。

まずマンデヴィルについては、1970年代に入って、シヴィッ

※これは日本イギリス哲学会大会（関西学院大学、2000年3月25日）において行われた記念講演である。当日省いたところを加え、若干の補訂がなされている。

ク・ヒューマニズムとの関連が新たに指摘されてきた[1)]。ヒューム研究では、とくに自然法学的アプローチによって政治思想を中心に分析したダンカン・フォーブズの研究（*Hume's Philosophical Politics*, 1975）と、広く「人間本性の科学」の構想とその展開としてヒュームを捉えた坂本達哉の『ヒューム文明社会』（1995）とが重要といえる。ポーコックのシヴィック・ヒューマニズム的観点からのヒューム研究としては、田中秀夫『スコットランド啓蒙思想史研究』（1991）などを挙げることができる。

スミスについては、内外ともに、とくに日本における膨大な研究蓄積があることは周知のとおりである。最近の研究のうち、あえて独断的に言えば、田中正司氏の特色ある社会思想史的研究と、それを継ぐスミスの自然法学と経済学の成立過程を分析した新村聡『経済学の成立』（1994）とは、スミスの学問体系の中での経済学の成立を明らかにするものといえる。

最後にステュアートについては、スミス研究で知られるグラスゴウのA. S. スキナーを挙げることができるが、とくに日本では、1950年頃から小林昇、田添京二、川島信義の3人を中心に研究が進められてきた。そして1994年には、小林昇教授のステュアート研究の到達点を示す『最初の経済学体系』が刊行された。その後すぐ竹本洋『経済学体系の創成』（1995）と大森郁夫『ステュアートとスミス』（1996）とが続いて出版された。また永年待たれていた『原理』も小林昇監訳、竹本洋ほかの共訳により完訳が出た。さらにスキナー、小林、水田編の『原理』の集注版（1997−98）が完成し、それの理論的解題は小林教授のステュアート理解であることは注目に値する。

このデルタを経済学の成立という観点から本格的に取り上

げたのは、外国ではスキナーがいる。しかしこの観点はとくに日本において最も明確な問題意識のもとに提起されてきたいえる。なぜなら戦後日本では社会思想史的アプローチと経済学史的アプローチの双方によるスミス研究の膨大な蓄積、世界でも例を見ない重厚な重商主義研究、社会科学者としてのヒューム研究、ステュアート研究が進められてきたからである。とくに最近の小林、竹本、大森の３人によるステュアート研究の新段階に至って、このデルタ研究は、18世紀における経済学の成立を問い直す明確な問題提起を行ったといえる。

(3)　批判・継承関係のスケッチ

もちろん思想・学説の影響や系譜関係は、本来フローチャートのようなもので表すことは不可能である。単純な一面的継承・断絶関係として捉えられないことも言うまでもない。ある学説を基本的に継承しながら、それを批判し、別の体系へと展開されることもあれば、逆に批判が目立つものの、それは基本思想を継承し、その線に沿った新たな展開であったりすることも多いからである。したがってこうした評価には、とくに慎重さが要求されるのであり、以下のようなスケッチではとくにこの点への留意が必要と思われる。

2　マンデヴィルの「文明社会」解剖の基礎視角と「政治家」の役割

(1) "Private Vices, Publick Benefits"
――"self-liking" - "self-love" の哲学

寓意を込めた絵画を得意とした17世紀オランダの画家と同じく、寓話形式をとったマンデヴィルは、『蜂の寓話』で「個人の悪徳は社会の利益」"Private Vices, Publick Benefits" というパラドクシカルでショッキングなフレーズによって18世紀名誉革命後のイギリス社会に影響を与え、その波紋は大きな広がりを見せた。これは、人間本性を解剖する神経科医マンデヴィルの徹底した観察と経験に基づく「近代社会」の診断であった。マンデヴィルによれば、人間は種々の情念の複合体であり、自己の存在を愛好する根本的な情念である。"self-liking" を基底にもつ利己的な存在である。この "self-liking"– "self-love" の哲学から人間の多くの感情と行為がこれに還元されてゆく。そして通常「悪徳」と呼ばれているこのような利己的情念あるいは欲望こそが、実は社会の偉大な支柱であり発展のバネであることが明らかにされてゆく。したがってこれらの情念がなくなれば、社会はまったく崩壊しないまでも、確実に衰退するに違いない。このような多様な欲望に基づく相互の労務交換の拡大が社会を発展させることの重要性が指摘された。

マンデヴィルは一方で、禁欲主義と結合したりリゴリズム（道徳的厳格主義）の立場にたって、人間行為をその動機の観点から、社会を顧みず自己の欲望を満たす行為を「悪徳」、他人の利益のためもしくは自己の情念の克服のために努める行為を「美徳」と定義する。しかし他方で彼は、この意味の「悪徳」を個人的観点を離れた結果としての社会全体の利益を判定基準とするさいには、功利主義的な見解をとり、その重要性を強調する形をとっている。

(2) 奢侈的支出の理論

「個人の悪徳は社会の利益」の経済学的中心は奢侈論にあった。マンデヴィルの言う「文明社会」（“civil society”）はまさに奢侈を特徴とする社会として把握された。彼の場合、奢侈は外国産奢侈品の消費だけでなく、国内産奢侈品の消費がより重要であり、これらの奢侈を排した「国民的節倹」は、過少消費、有効需要の不足、したがって労働の不就業を引き起こすことが指摘される。ここから彼は公共事業も含めた有効需要創出政策を不可欠とみることになった。

(3)「政治家」による巧みな管理

マンデヴィルによれば、Private Vices を Publick Benefits に変える媒介者は「政治家」である。「私悪は老練な政治家の巧みな管理によって公益に変えられる」と彼は述べているので、この「政治家」あるいは「政治」の理解がキー・ポイントになる。

この「政治家」は、『蜂の寓話』第2部（1729）においてより明らかにされたように、未開状態から、野獣の危険からの共同防衛社会、人間相互の危険の防衛社会、成文法の成立段階を経て、徐々に連続的に発展してきた社会の法制的枠組みとしての諸制度の整備をさしている。しかもこうして漸次的に進化発展してきた社会の枠組みの全体は、基本的には名誉革命後のイギリスの政治・経済・社会システムを念頭においたものであり、分業に基づく市場における自由な交換システムにほかならない。

マンデヴィルは、富よりも徳を強調して社会の腐敗と堕落を強調するシヴィック・ヒューマニズム的見解を批判するために、「悪徳」と呼ばれる利己的行為が、それにもかかわらず、商業社会を発展させるものであることを示そうとしたといえる。彼のシャフツベリーやハチソン批判はここから必要とされたのであった。

しかしマンデヴィルの「政治家」は、利己心に基づく市場メカニズムに全面的な信頼を寄せるのではなく、それを前提にしたうえで、なお、「政治家」による個別の政策にも同じ「政治家」の概念を用いている。利己心を前提とした「政治家」による社会全体の利益のための諸利益の調整が必要とされている。これがマンデヴィルの場合、市場の自由なメカニズムを前提にしつつも、例えば貿易差額論（その内容は就業の均衡論）や、低賃金政策の発言や、奢侈的消費支出論の形をとって現れることになる。

(4)「文明社会」分析の基礎視角

マンデヴィルが示した分業に基づく欲望の相互交換社会としてのこうした「文明社会」あるいは「商業社会」のヴィジョンは、その後古典的共和主義を主張する人びとやモラリストと対立しつつ、ヒューム、ステュアート、スミスのいずれにも、古代社会に対する近代社会の基本的ヴィジョンとして継承・展開されることになった。

ヒュームは、マンデヴィルが示した社会発展の３段階に代わって、彼の「人間本性の科学」の全体をあげて、さらにまた具体的に『イングランド史』の歴史研究を通して、近代社会の特質を実証しようとしたといえる。ステュアートの場合も、ヒュームを出発点とし、ヒュームの『イングランド史』をよく検討した（コルトネス文書の中にステュアートのコメント草稿が遺されている）彼は、「近代社会」の基礎的分析視角を、「古代社会」、「封建社会」、「現代社会」という歴史的枠組みのもとに把握し、「現代社会」を商業的相互依存の社会として「勤労社会」（“industrious society”）と呼んで継承している。

さらに未開から文明社会への歴史分析は、スミスのよって最も展開され、『国富論』第3編にみられるいわゆる社会発展の4段階として見事な結実をみせている。それは生活資料の獲得手段に対応する財産所有形態、支配・服従の政治関係、社会的依存関係の分析を示している。狩猟、牧畜、農耕に続く第4段階の商工業段階である「商業的社会」（“commercial society”）の分析こそ、スミスの社会哲学と経済学の分析対象であった。そのさいスミスは「自由が秩序と善政を生む」という歴史分析を行った者として、ヒュームただ一人を絶賛したのであった[2)]。

こうした近代社会分析のヴィジョンのヒューム、ステュアート、スミスへの継承・展開を確認したうえで、指摘せねばならないことは、ヒュームをひとつの分岐点とするステュアートとスミスへの分岐、したがってそれぞれ相異なる経済学体系の樹立という視点である。近代社会分析の基本ヴィジョンは同一であっても、スミスの4段階論は、後に触れるが、資本蓄積・投資の自然的秩序論の歴史的例証という独自な性質をもつものであった。これに対して、ステュアートの「勤労社会」把握は異なっていた。「勤労社会」と「商業的社会」とでは、社会の均衡・不均衡、確実性・不確実性をめぐる認識において大きく異なり、したがって市場のメカニズムと政府の役割との関連は異なる方向に位置付けられることとなった。強いて単純化して言えば、ヒュームからスミスへの「見えざる手」と、それに対するマンデヴィルの「政治家」とも結び合うステュアートの「為政者」(“statesman”)の「巧妙な手」の役割の相違となって現れることとなったといえる。

3　ヒュームの「文明社会」(“civilized society”) 分析と「インダストリ」の自立的発展論

(1) ヒューム近代社会分析のヴィジョン ──「インダストリ」と奢侈

ヒュームは、人間本性の冷徹な「解剖学者」と本性の優しさや美を描き出す「画家」とを対比したさい、彼はまさにマンデヴィルと同じ「解剖学者」の立場にたったといえる[3)]。ヒュームは、近代社会の生産力の増大を「インダストリ」(“industry”)の増大として捉え、この増大の論理を主に『政治論集』(1752)で展開した。

これはヒュームによって農・工の分業交換に基づく相互作用による近代的生産力の増大の論理として提出された。しかも彼はマンデヴィルの奢侈論を批判的に継承し、「道徳的に有害な奢侈」を除き、「道徳的に無害な奢侈」に絞ったうえで、それを「機械的技術における洗練」と規定し直し、インダストリの必然的結果としての奢侈的消費の増大が、近代的生産力の自律的展開─社会経済の発展として把握されたのであった。ヒュームはマンデヴィルの用語のあいまいさから抜け出し、「浪費」は「技術における洗練」ではないことを明確にした。とくに社会の上層の浪費は怠惰の産物であるのに対して、中下層のインダストリは節倹を生み出し富を増大することを明確にした。奢侈的消費がもつインダストリ促進効果をヒュームは認識していたが、それを近代的生産力増大の不可欠な要因とみなすことはなかった。

(2) 貨幣数量説と正金の自動調節論

ヒュームは貨幣ヴェール観に基づいて、貨幣量に比例して物価が変動するという貨幣数量説をエレガントに整理し直し、さらにその系論としての国際間の正金の自動的調節論を展開した。貨幣量の増加（減少）は物価の騰貴（低下）をもたらし、輸出を減少（増加）、輸入を増加（減少）し、貨幣量の減少（増加）をもたらすことになり、一国の貨幣量は結局各国のインダストリ（産出量）の水準に合致する。その結果、一国のインダストリの水準を超えた貨幣の蓄積も、逆にその水準以下に貨幣量が減少することを恐れることも、共に無意味となることから、貿易差額論とそれに関連したいわゆる重商主義的干渉政策が批判され、国際分業に基づく自由貿易主義が展開されたのであった。

ヒュームの中立貨幣把握は、彼の銀行・信用・利子・租税・公債論でも一貫しており、ここでも同じく一部例外的に、貨幣・信用・財政的要因のもつインダストリ促進効果は認められたものの、これは彼の理論・政策の中心とはならなかった。

ヒュームは彼の「文明社会」分析において、貨幣分析によるインダストリの人為的促進から実物分析としてのインダストリの自律的発展の理論を展開し、近代社会分析の理論と政策において、スミスの世界と同じ基本的性格をもつものだったといえる。

(3) 基本的ヒューム像

社会科学者としてのヒュームの思想を「人間の科学」の構想のもとに「文明社会」の展開として捉えたのが坂本氏のヒューム研究といえる。多くのメリットをもつこのヒューム研究が示しているように、ヒュームの思想の基本的理解のうえで幾つかの点において一応の定着がみられる。

その第1は、スミスを基準にしたいわゆる「重商主義者」としてのヒューム像の誤りと、経済的自由主義者としてのヒューム理解の定着である。第2は、政治思想からみたヒューム像として、フォーブズによって明らかにされた、「通俗的ウィッグ主義」に対する「懐疑的ウィッグ主義」(“sceptical Whiggism”)――ウィッグ・トーリー、さらにコート・カントリを超えた「科学的ウィッグ主義」――の立場の基本的承認。第3には、ヒューム思想の自然法学的理解による古典的共和主義批判者としてのヒューム像のおよその定着がある。ただこれに対してシヴィック・ヒューマニズム的アプローチによる異なった理解も示されているが、ヒュームの基本的立場は明らかに古典的共和主義者を批判したマンデヴィルの「商業社会」把握を継承するものとみることができる。

4　ヒュームからステュアート「勤労社会」（"industrious society"）分析へ

(1) ステュアートの「勤労社会」像

ステュアートは近代社会分析の基礎視角を直接ヒュームから継承したといえる。『原理』で彼はヒュームの人口論におけるインダストリを中心にした社会把握を継承し、農工分業による生産の増大を、ファーマーと「フリー・ハンズ」との分離・協力関係として展開し、インダストリの増大をまず労働人口の増加と人口の適正な配置問題として展開することから始めたのであった。マンデヴィルからヒュームへと展開された奢侈論は、ステュアートにあっては、道徳的判断の完全な排除によって、奢侈概念がさらに明確化されるとともに、ヒュームではないマンデヴィルの奢侈的支出の理論の線上に位置付けられることになる。

(2) 『原理』の方法とヒューム貨幣数量説・正金の自動調節論批判

しかしヒュームによる商業社会の把握をステュアートは彼の経済理論の方法論とその具体的展開に即して批判することとなった。ヒュームの「一般的原理」の樹立に疑問を呈し、一般的な原理はさまざまな社会・経済的コンテキストとの関連において捉えられるべきであり、一般原理に与えるさまざまな影響要因の考慮が不可欠であることを示した。

こうしたステュアートの方法論が最も明確に見られるのが、ヒュームの貨幣数量説および正金の自動調節論に対する批判である。彼は、ヒュームの貨幣数量説を３つの命題に要約して批判を加えた。その1は、貨幣量と財貨の価格との比例関係、つまり例えば貨幣量が2倍になれば物価が2倍になるという命題。その2は、一国の通貨はその国のすべての労働と財貨の代表物であるという命題。そしてその3は、財貨の量が増加すれば財貨は安くなるし、貨幣量が増加すれば財貨の価格は高くなるという命題である。

まず第1の貨幣量と物価との比例性については、ステュアートは、価格の変動の原因は貨幣量にあるのではなく、需要と競争の状態の変化によることを示している。第2の通貨は労働と財貨の代表物であるという命題については、ヒュームが貨幣をもって財貨の唯一の代表物であるとみなすのは誤りであることを示す。貨幣はヒュームの言う「唯一の」代表物ではないし、そもそもこの代表物という観念は、貨幣の機能を価値尺度機能と流通手段機能とみ、貨幣の価値保蔵機能を無視した貨幣ヴェール観を示すもので誤りである。最後の第3の命題については、命題の前半、財貨量の増大はその価格を引き下げるというのは正しいが、後半の貨幣量が増加すれば財貨の価値は高くなるというのは誤りである。なぜならそれは流通を滞らせ、インダストリを損なうからである。

さらに正金の自動調節メカニズムに対しては、ヒュームの想定する貨幣量の急激な減少は、まず外国貿易に悪影響を与える。輸出可能な財貨の場合には、有利な市場を求めて外国に輸出されることになるし、それが穀物のような必需品であれば、国民の飢餓を引き起こし、インダストリの破壊につながる。さらに貨幣量は物価水準の調整によって「ごく短期間」自動的にその国の産出水準に戻るというのも誤りであることが指摘された。これは一方で、ある国民にそのインダストリの水準を超える多くの富の集積を許し、他方で他の国民には利益とはならない。自由貿易主義による各国民の相互利益の主張は、状況によっては大きく制限されるものであり、自由貿易は必ずしも互恵的とは言えないことが示されている。

このようにして、ステュアートは実物と貨幣とのいわゆる古典的二分法を否定するとともに、貨幣退蔵の傾向のため貨幣の供給量と支出量とは一般に合致せず、したがって「流通必要貨幣量」を確保するため、為政者による有効需要政策が必要とされる。

ステュアートは、近代社会の「全機構の発条はまさにこの等価物（貨幣）である」と明確に述べており、貨幣の積極的な役割を重視し、この観点を、銀行・利子・信用・公信用・租税等に関するすべての理論と政策に貫徹させている。

(3)『原理』における「相互依存関係」分析の特質

マンデヴィルやヒュームと同じく、ステュアートは、「勤労社会」における相互依存関係を、竹本氏が指摘したように、貨幣を媒介として成立する相互依存関係として捉えた。しかし同じ貨幣を媒介する依存関係――貨幣経済――であっても、ステュアートの「勤労社会」をスミスの「商業的社会」から分かつものは、財貨の売りと買いとの分裂、したがって相互依存関係に潜む不確実性の認識といえる。これがスミスにおける貨幣ヴェール観にたった自動調節的相互依存関係の認識――市場観との分岐点をなしている。

(4) ステュアートの市場観——市場の不確実性認識

『原理』の市場論は、竹本氏によれば、「市場と国家との二つの統合の理論」という特質をもつ。ステュアートによれば、市場一般は「商人市場」を中核にもつことによってその調整力が発揮されるとみており、市場そのものは不均衡過程を常にもつと理解されている。さらに市場は、社会的諸制度に依存しつつ「為政者」によって調整されることが不可欠であると認識されている。

このような市場の不確実性を担保する安定化装置として、ステュアートは1 貨幣、2 為政者による政策的調整、3 社会的制度・規範（とくに身分）という三重の構造で把握しており、これはスミスの「見えざる手」の自動調節的市場秩序観との決定的な相違点をなしている。

5 ヒュームからスミス「商業的社会」（“commercial society”）分析へ

(1) 社会思想面でのスミスのヒューム批判 ——ヒューム同感論と正義論の批判と展開

ヒュームとスミスの関係は、従来から社会思想の面でも、経済学的側面からもよく取り上げられてきた。スミスは『道徳感情の理論』において、マンデヴィルのリゴリズムと功利主義の両面を批判した。徳の本質論として、称賛に値することの配慮と称賛を愛する心との区別という形で、虚栄心から利己心を救い出し、利己心は同感により正当な美徳たりうることを明らかにした。また是認の基礎として、同感は必ずしも利己心に発しないことを明らかにした。

こうしたマンデヴィルの功利主義に対する批判はヒュームにも適用された。ヒューム同感論に対して、スミスは効用性に美を求める立場を批判し、物と違い、人間の行為の同感は、当事者ないし社会に対する有用性からではなく、観察者の同感によってのみ成立すると批判した。また、ヒュームの正義論・所有の理論に対しても、その契約説的残滓とみなされたコンヴェンションの理論の二重性を批判し、社会的発展による正義を同感理論によって一貫して説明することになった。

しかし、すでに述べたように、マンデヴィル、ヒュームから、経済行為における利己心の重要性の認識と「商業的社会」分析の基礎的ヴィジョンとを引き継いだスミスは、ステュアートとは異なり彼独自の形でそれを一層展開することとなった。

スミスの場合、それは一方では、素朴な理解にとどまっていたヒュームの価格論を、自然価格論という形で展開し、ヒュームにおけるインダストリの自律的展開に価格論的基礎を与えることになった。また他方では、浪費と区別されたインダストリによる節倹・貯蓄・資本蓄積に関するヒュームの素朴な認識レヴェルを大きく引き上げ、スミス独自の資本蓄積・投資の自然的秩序論の構築に成功した。

他方ステュアートの場合、剰余としての利潤は奢侈や税などによって消散し、それが資本の蓄積・投資へと向かい、生産を拡大する再生産の構想につながることはなかった。こうしたステュアート理論の限界をスミスの資本蓄積論は大きく乗り越えるものであったといえる。この点では、大森氏はこれら自然価格論と資本蓄積・投下論の２つに整理し、それぞれに１章を当てて、ミクロ分析とマクロ分析におけるスミス経済学の特質をあらためて指摘し、ステュアートと対比している。

(2) 自然価格論

第1の自然価格論は、スミスの言う「自然的自由の体制」のもとでおのずから実現されるべき価格水準であり、現実の市場価格が長期的に絶えず収斂して行くべき価格水準であった。それは需要と供給が自動的に調節され必ず一致するセイ法則のはたらく世界であった。自然価格水準と市場価格との一致を妨げる要因は、自由な市場それ自体には基本的に存在せず、ただ人為的独占かあるいは市場への政策的介入の結果とされ、これらの排除だけが必要とされた。スミスの場合、貨幣ヴェール観にたった非貨幣的分析—実物分析として展開され、ステュアートに見られた市場の不確実性、不均衡の理論、有効需要の不足の認識は生じなかった。

(3) 資本蓄積・投資の自然的秩序論

他方、マクロの資本蓄積と資本投下の自然秩序論において、スミスは資本制蓄積を、生産的労働と不生産的労働の区別、生産的労働を動員する資本の分析、節倹による資本蓄積—生産力の増大・富の増大、浪費による資本の減少という再生産の理論を展開し、経済成長論の基礎を構築した。

さらにそのうえにたって、資本がどの産業部門に優先的に投下されるとき、最大の富の増大が得られるかが論じられた。最も自然的な投資選択は政府ではなく、個人の利己心にゆだねられるときに実現するということがスミスの確信であった。したがって、こうした自然価格論を中軸とした市場メカニズムの把握と、資本蓄積・投資論にみられるマクロ分析による結果が、自然に実現すべき場である「自然的自由の体制」を妨げている「重商主義」を中心とした諸規制の撤廃が何より求められるのであり、政府のなすべき役割は、例の３つの公共部門に限定されることになった。

スミスが『国富論』において「介入」的な議論を個々に展開し、制度的整備に言及しているのは、こうした自然価格論にみられる市場メカニズムの機能を保証するためのものに限定されており、それを超えるものではなかった。それはステュアートにおけるような「為政者」による調整を基本的に必要としない自由主義の経済理論・政策の主張であった。

(4) スミスとヒューム貨幣数量説
――剰余正金の輸出論と実物的バランス論

スミスは、周知のように、その初期（グラスゴウ大学講義）には、ヒュームの貨幣数量説と正金の自動調節論を重商主義批判の理論的根拠として受け入れていたが、『国富論』では、これによる重商主義批判の不十分さを認識し、数量説に関説しなかった。その代わりにスミスは貨幣を一般の財貨と同様に扱い、価格との関係をあいまいにしたまま、剰余正金の輸出論に戻ってしまった。スミスは貿易差額の国際決算には貴金属が必要であるという現実には触れようとしなかった。スミスは、貿易のバランスではなく、労働の生産物である必需品・便益品のバランスこそ一国の経済発展にとって重要なのだということを示すことによって、重商主義の理論・政策は十分克服可能とみたのであった。したがってスミスは周知のように、パルトニー宛の手紙（1772年9月）で、ステュアート『原理』黙殺の意向を漏らすことができたのであった。

6　ステュアートとスミス

(1)「勤労社会」と「商業的社会」

すでにみたように、貨幣を媒介した分業交換社会という近代社会の共通認識にもかかわらず、「勤労社会」と「商業的社会」は大きく異なるのであった。ステュアートが比喩的に表したように、彼の見た近代社会は、「絶え間なく狂ってゆく時計」[4] であるのに対して、スミスにとっては一旦ネジを巻けば、あとは正確に時間を自然に刻んでゆく時計といった理神論的な比喩によって表される世界とは異なっていた。ステュアートはヒュームを継承し、そこから出発しながら、市場の不確実性にもとづく不均衡に対して主として「為政者」による政策的調整を不可欠とみる体系を作り上げ、通貨・信用政策、外国貿易政策、財政政策による有効需要の創出政策の経済学体系を築き上げた。

これに対して、スミスは、貨幣ヴェール観にたった実物分析に徹し、自然価格論と資本蓄積・投下論を軸に、市場の自動的均衡論という楽観的な「自然的自由の体制」の経済学を作り上げることになった。

(2)「為政者」の「巧みな手」（“skilful hand”）と「見えざる手」（“invisible hand”）

スミスの「見えざる手」は、『道徳感情論』における同感論的、理神論的基礎付けに支えられており、道徳感情の「腐敗」にあたっては、スミスは最終的に理神論的神に訴えざるを得なかった。しかしそれにもかかわらず、市場メカニズムの安定性、確実性、秩序制に対するスミスの信念は揺るがぬものだったといえる。

これに対して、ステュアートは理神論的神を持ち込まず、道徳理論を避けつつ、もっぱら為政者による利己心を前提にした柔軟な誘導という形の政策的調整のための理論をもって一貫したといえる。

スミスが彼の学問体系の中から、道徳や法・政治の理論を基礎に、それらに支えられる形で、それらから分離・独立させ、『国富論』において経済学を成立させたのに対して、ステュアートは、『原理』では道徳的判断を可能な限り避け、経験と観察に徹底し、さまざまな影響要因や状況を考慮したうえで、ときに複雑に過ぎると思われる理論を構成し、さらにそれに基づいた為政者の積極的政策による調整の体系へと仕上げていったといえる。

(3) デルタの豊饒な土壌における経済学の成立

以上で「私悪は公益」というショッキングな命題から始まったイギリス18世紀の社会経済分析からヒュームによって発展されられ、次いでヒュームを分岐点としてステュアートの体系とスミスの体系へと分岐し、二つの相異なる経済学体系が成立した過程をみてきた。ヒューム、ステュアート、スミスから成るこのデルタが、経済学の成立をもたらすうえでいかに豊饒な土壌だったかをここにあらためて確認しておきたい。

7　おわりに

おわりにこのデルタ研究に関連して、5つほどの論点を指摘して終わりたい。

1　まず第1点は、すでに述べたように、18世紀イギリスにおける経済学の成立をこれまでのように、スミスの学問展開における成立だけでなく、ステュアートの貨幣的経済学体系も視野に入れた「経済学の成立・展開」という分析視点を確立することが重要である。すべてをスミス『国富論』タイプの経済学に、その社会思想（自然法学的基礎付けも含めて）、経済理論・政策、歴史分析上の唯一の基準を置いて、それに合わないものを「重商主義」というマイナスイメージを着せて裁断するのでなく、ステュアート体系へと展開してゆく、ヒュームも含むデルタの豊饒な社会経済思想からの経済学の成立を考える方向が提示されている。問題は今後この理解をどう深めどう展開してゆくかにかかっている。

ただ言えることは、こうしたデルタの研究は、経済学の成立問題にとどまらず、その後の経済学の展開の理解にとっても重要だということである。さらにまた、現代経済学の置かれた状況が経済学史の新しい研究を要請しているように、経済学の成立・展開をめぐる経済学史・思想史研究は、現代経済学に対する発言につながる可能性を開くと考えることができる。

2　第2点は、具体的に経済学成立をめぐる研究に関連して、すでに指摘されているように、いわゆる「重商主義」の理論・政策と呼ばれてきたマイナス・イメージの思想・学説の具体的再検討が必要となる。「資本制蓄積の理論」に対する「原始蓄積の理論」という歴史的・理論的概念による「重商主義」の整理はどこまで有効であるかも、問い直される段階にきているのかもしてない[5]。

3　第3には、ステュアート研究に則して言えば、ステュアートにおける貨幣的経済学の成立に影響を与えた学説・思想の系譜についての本格的な研究が求められることになる（ジョン・ロー、カンティロン、その他）。

4　第4に、遅れているステュアート体系の社会思想史的研究を進めることがやはり必要であろう。とくに18世紀の啓蒙思想との関連、つまりスコットランド啓蒙だけでなく、イングランド啓蒙、さらにフランスを中心とした広くヨーロパ啓蒙思想との関連が明らかにされる必要がある。それにはステュアート全集に納められている『原理』以外の論稿や、コルトネス文書その他の資料の分析によって、これを確かめることが必要である。すでにビーティによるヒューム知識論批判に対するステュアートの反論（ヒューム弁護論）をとりあげた川久保晃志[6]の方法の一層の展開が期待される。ステュアートの「ミラボー氏の『自然の体系』へのコメント」や、神学的論説もこの観点から解明されねばならないであろう。

5　最後に、このデルタ研究にみられるように、社会思想史的接近と経済学史的接近との総合のもつ重要性をあらためて確認しておきたい。

以上、経済学成立のデルタという大き過ぎるテーマをスケッチ的に扱うために、これまでの豊かな研究内容を単純化し過ぎる誤りをおかしているのを恐れるが、ここにあえてスケッチを試みたのは、より多くの研究者がこのデルタにあらためて新しい関心を寄せることになればという期待からにほかならない。

今日は18世紀イギリスにおける経済学の成立問題を取り上げて、社会思想史的アプローチと経済学史的アプローチの総合がますます必要不可欠であることをあらためて確認することができたが、広く人文・社会科学の専門分野の研究者の交流・協力を特色とするこの日本イギリス哲学会の存在意義は極めて大きいといえる。今後、この意味での総合性のために、学会の独自性をますます発揮し、積極的な研究成果へと結実してゆくことを期待したい。

〈注〉

1) Horne, Thomas A,. *The Social Thouhgt of Bernard Mandeville: Virtue and Commerce in Early Eighteenth-Century England* (New York: Columbia University Press, 1978). 山口正春訳『バーナード・マンデヴィルの社会思想』(八千代出版、1990年)。日本で久しぶりに出た研究に、中野聡子「マンデヴィルの分業メカニズム：英国における利己的人間観に基づく市場観の変遷のなかで」(博士論文、慶応義塾大学、1998年)がある。これはゲーム論によるマンデヴィル解釈である。

2) WN, Book III, ch. iv, 4.

3) *A Treatise of Human Nature*, Selby-Bigge ed., (Oxford University Press, 1978), Book III, part iii, 6, 9.

4) James Steuart, *Principles of Political Economy, The Works*, I, p. 331.

5) 経済学史学会1999年度大会(熊本学園大学、1999年11月6-7日)で、フォーラム「重商主義の再検討」(組織者　竹本洋、大森郁夫、総括　田中敏弘)が行われ、長尾伸一、奥田聡　両氏の報告に続いて竹本氏の「近代のピボットとしての重商主義――経済的自由主義と国民国家」という報告が行われている。竹本洋「重商主義論ノート」(『経済学論究』、53-3、1999年12月)および同上「ジャーナリズムにおける『重商主義』用語の使われ方」(同上、53-4、2000年1月)を参照。

6)　川久保晃志訳「ビーティ博士の『真理の本質と普遍性についての一試論』第2版、エディンバラ、1771年についての諸考察」(『経済と経営』札幌大学、19-2、1988年9月)；同上、「経済学者サー・ジェイムズ・ステュアートの形而上学——かれのジェイムズ・ビーティ批判に寄せて」(『経済と経営』19-4、1989年3月)。

〈参考文献〉

Ⅰ

Bernard Mandeville, *The Fable of the Bees*, [Part I] (1714), Part II (1729). 泉谷治訳『蜂の寓話』『続・蜂の寓話』(法政大学出版局、1985/1993年)。

David Hume, *A Treatise of Human Nature* (1739-40). 木曾好能訳『人間本性論・第1巻』(法政大学出版局、1985年)。

Ditto, *Essays, Moral and Political* (1st ed., 1741, 3rd ed., 1748). 小松茂夫訳『市民の国について』2冊、(岩波文庫、1952/1982年)。

———, *Political Discourses* (1752). 田中敏弘訳『ヒューム政治経済論集』(御茶の水書房、1983年)。

———, *The History of England*, 6 vols. (1754-62).

James Steuart, *An Inquiry into the Principles of Political Economy*, 2 vols. (1767). 小林昇監訳、竹本洋他共訳『経済の原理』第1・2編(名古屋大学出版会、1998年)、同『経済学の原理』第3・第4・第5編(同上、1993年)。

Ditto, *Ibid.*, ed. by A. S. Skinner, N. Kobayashi and H. Mizuta, variorum ed., 4 vols. (1997-98).

Adam Smith, *The Theory of Moral Sentiments* (1759).

Ditto, *An Inquiry into the Nature and Causes of the Wealth of Nations*, 2 vols., (1776). [スミスの邦訳は省略]。

Ⅱ

上田辰之助『蜂の寓話——自由主義経済の根底にあるもの』(新紀元社、1951年)

———『上田辰之助著作集』4、(みすず書房、1987年)。

田中敏弘『マンデヴィルの社会・経済思想』(有斐閣、1966年)。

———『社会科学者としてのヒューム——その経済思想を中心とし

て』(未来社、1971年)。
大野精三郎『歴史家ヒュームとその社会哲学』(岩波文庫、1977年)。
田中敏弘『イギリス経済思想史研究――マンデヴィル・ヒューム・スミスとイギリス重商主義』(御茶の水書房、1984年)。
船橋喜恵『ヒュームと人間の科学』(勁草書房、1985年)。
田中敏弘『ヒュームとスコットランド啓蒙』(晃洋書房、1992年)。
坂本達哉『ヒュームの文明社会』(創文社、1995年)。
田中秀夫『スコットランド啓蒙思想史研究』(名古屋大学出版会、1991年)。
――――『文明社会と公共精神』(昭和堂、1996年)。
小林昇『小林昇経済学史著作集』全11巻、とくに第1巻、第2巻、第5巻、第10巻(未来社、1976/1977/1988年)。
――――『最初の経済学体系』(名古屋大学出版会、1994年)。
川島信義『ステュアート研究――重商主義の社会・経済思想』(未来社、1972年)。
田添京二『サー・ジェイムズ・ステュアートの経済学』(八朔社、1990年)。
竹本洋『経済学体系の創成――ジェイムズ・ステュアート研究』(名古屋大学出版会、1995年)。
大森郁夫『ステュアートとスミス――「巧妙な手」と「見えざる手」の経済理論』(ミネルヴァ書房、1996年)。
田中正司『アダム・スミスの自然法学』(御茶の水書房、1988年)。
――――『アダム・スミスの自然神学』(御茶の水書房、1993年)。
――――『アダム・スミスの倫理学』上・下2巻(御茶の水書房、1997年)。
新村聡『経済学の成立――アダム・スミスと近代自然法学』(御茶の水書房、1994年)。

V

制度主義経済学の新展開と現状

1 「新しい制度経済学」（'new' institutional economics）の台頭と制度派経済学の展開

(1) 制度派経済学の孤立と衰退（1940年代–1960年代）

かつてドーフマンがはじめて明確に指摘したように、第1次大戦後1930年代に至る「時期の劇的な知的展開は、『制度派経済学』（"institutional economics"）として知られる運動の成長であった。……彼らの学説は雪だるまのように1つの運動にふくれ上がり、その名称『制度主義』（"institutionalism"）は1920年代と30年代に広く普及した。……この運動の『創設者』はソースタイン・ヴェブレンであった。そして彼のあとにウェズリー・ミッチェルとジョン・R. コモンズが続いた」のであった[1)]。

このようにして成立したヴェブレン、ミッチェル、コモンズを中心とした旧制度派経済学は、1920年代のアメリカ経済学界で卓越した地位を占め、アメリカ経済学の革新に貢献した。次いで大恐慌とニューディールにおいては、制度派経済学者は、正統派の新古典派経済学者に替わって、国民経済の建て直しと諸改革において積極的に活動したのであった。しかし

1930年代後期ニューディールでは、ケインズ主義の台頭により、その影響力を次第に弱めていった。のち1940年代にはアメリカ制度学派は衰退し、孤立化していったと言ってよい。

1950年代、60年代になって、アメリカ経済学は戦後の数学的形式主義への途を歩み、そうした理論体系が過剰な自信と共に支配的となっていった。これは旧制度派経済学の失墜へと導き、制度派をますます相対的に孤立した少数派の異端経済学者だとする印象を作り出していった。

たとえば、サムエルソンは彼の『経済学』第10版（1976）では、旧制度派経済学を継ぐ第2世代は存在しないと断言し、「40年前に制度主義は経済学上の有効な反対勢力としては枯死した。……アメリカ主流派経済学はよりすぐれた分析的・計量経済学的分析道具によって、制度派の記述的な仕事と政策形成を吸収し、引き継ぐことができた」と主張したものであった[2)]。サムエルソンはこのようにまだ制度派経済学に触れたけれども、他の正統派による基本的な教科書では、制度派は完全に無視されることになった。

制度学派がアメリカで影響力を失うに至ったのは、このようなアメリカ経済学界の動きという制度派経済学がおかれた外的環境の変化という理由以外に、制度派経済学自体における内在的な理由も存在した。

1920年代、30年代に「ひとつの知的運動」として展開したというドーフマンを受けて、その内実は最近ラザフォードによって一層明らかにされた[3)]。ラザフォードによれば、戦間期にシカゴ、アマスト、ブルッキングズ大学院、ワシントンスクエア、ウィスコンシン、コロンビア、NBER等を結ぶひとつのネットワークが作り上げられていたのである。

このネットワークには、Walton Hamilton, J. M. Clark, W. C. Mitchell のほか、Willard Atkinns, Clarence Ayres, James Bonbright, A. F. Burns, Morris Copeland, Joseph Dorfman, Lionel Edie, Mordecai Ezekiel, E. H. Downey, Martin Glaeser, Carter Goodrich, Harold Groves, Robert Lee Hale, Simon Kuznets, Isador Lubin, Stacy May, F. C. Mills, Selig Perlman, Sumner Slichter, Walter Stewart, Horace Taylor, Willard Thorp, Rexford Tugwell, E. E. Witte, A. B. Wolfe, Leo Wolmann などが含まれていた。

こうした具体的な枠組みのなかで、あるいはこれとの関連において、1920 年代終わりまでの期間に、制度主義的研究のパラダイムとして最もしばしば引用された優れた著作が世に問われたのであった。例えばミッチェルの『景気循環』(1913)、同『景気循環：問題とその設定』(1927)、J. M. クラークの『間接費の経済学の研究』(1923) および『企業の社会的統制』(1926)、ハミルトンとメイシーの『賃金統制』(*The Control of Wages*, 1923)、ハミルトンとライトの *The Case of Bituminous Coal* (1925)、コモンズの『資本主義の法制的基礎』(1924) などがそれであった。

このようなネットワークによって押し進められた制度主義的アプローチに共通したコンテキストとして、ラザフォードは次の 3 点を指摘している。それは①制度学派としての研究視点が強調され、それが多くのさまざまな研究をひとつに結びつけるものとなった。②「科学的」方法の強調——とくにミッチェルと NBER による数量的・統計的方法に顕著に見られる——、③他の学問分野——心理学、社会学、人類学、プラグマティズム哲学など——や進歩的自由改革運動との有効な結びつきであった[4)]。

要するに1920年代の制度主義は、現代的・科学的で、現代の経済機構とその成果の批判的分析を行い、経済政策と経済改革の主要問題と取り組み、政府、社会から研究資金を獲得することによって、非常に有望でダイナミックな研究プログラムとみなされていたのであった。

ところが、こうした1920年代の成功は、30年代、とくに40年代に入って大きく変化することになった。すなわち他の学問分野と制度主義との有効な結びつきが失われ始めたし、大恐慌、ニューディール期のタグウェル、ミーンズ、エゼキエルその他の活躍にもかかわらず、その後期には、ケインズ『一般理論』のインパクトを受けてその光を失い、構造改革派としての制度主義経済学者たちは次第にその輝きをケインズ経済学に奪われることになった。マクロ経済学体系としてのケインズ経済学は、国民所得統計、生産能力の利用、失業問題といった、それまで制度学派が先端的に取組み貢献してきた諸問題を取上げるに至り、これらの問題はもはや制度派経済学が優先権をもつ問題ではなくなった。計量経済学的技術による実証的テストが可能となり、研究者も研究資金の中心もNBERからケインズ派のコールズ・コミッションへと移るようになった。

このようにアメリカケインズ主義経済学の中に、それまで制度派が取り組んできた問題の多くが取り込まれるようになり、経済問題への数学的テクニックの急速な展開が生じた。これが研究の威信と研究資金の増大をもたらしたといえる[5)]。

さらに、制度派経済学自体の内部における統一の欠如が目立つようになっていった。ラザフォードによれば、コモンズの『制度派経済学』（1931）とエアーズとそのテキサス・グループの動きは、制度派内部のそれまでの意見の一致を困難にしていったとされている。要するに、1920年代に制度派経済学がもっていた優れた特徴は、30年代、40年代に次第に死滅しつつあった。

1920年代の制度主義の成功を支えた特徴は40年代を境に、とくに第2次大戦後、正統派によって取り込まれて行き、制度派経済学は衰退していったとされる。1940年代には、20年代の制度主義の拠点だったコロンビア大学は、もはや制度主義の真のセンターであることをやめるに至ったし、ウィスコンシンのコモンズの伝統とメアリーランドのグルーチー、テキサスのエアーズがいたにとどまった。こうした孤立と停滞が、1950年代末に「進化経済学会」設立の動きを促す状況であった[6]。

(2)「新しい制度経済学」の台頭と制度主義経済学の展開

しかしながら、こうしたアメリカ経済学界の状況は、1970年代に入って大きく変化し始めた。第2次大戦後に正統派によって築き上げられた主流派経済理論のコンセンサスが崩壊し、いわゆる「経済学の危機」が問題とされるようになった。このことが1970年代に新しい制度主義の展開と旧制度派経済学展開の新たな復活というコンテクストを用意したといえる[7]。

この「新しい制度主義」の枠内あるいはそれに近い貢献は、アメリカのみならずヨーロッパでも多くのさまざまな経済学者たちによって進められてきた。この中には、アロー（Kenneth Arrow）、ブキャナン（James Bucanan）、ハイエク、ノース（Douglas C. North）、ウィリアムソン（Oliver Williamson）、コース（Ronald H. Coase）など多彩な経済学者が含まれている。1997年にはコース、ウィリアムソン、ノースを中心に、「新しい制度経済学国際学会」（The International Society for New

Institutional Economics; ISNIE）が設立されている。

彼らの理論的アプローチは多彩だが、「新しい制度経済学」のテーマである政治制度、法、所有制度、あるいはもっと一般的に社会制度を、個人行動モデルとの関連において取り上げている。にもかかわらず、のちにコースやノースについて具体的にみることになるが、これらの「新しい制度経済学」の多くのものは、主流派経済学（新古典派経済学）の中核をなす前提の多くを無傷のまま残していることが重要な特色である。

一方、制度派経済学の復活・展開は、先に述べたアメリカ制度主義の衰退と孤立化を背景に、1966年には「進化経済学会」（The Association for Evolutionary Economics; AFEE）が設立され、その翌年1967年からその機関誌*Journal of Economic Issues*（*J.E.I*）が発刊されることになった。これはエアーズを初代会長に、グルーチー、ギャムズ、D. ハミルトンを中心とするものであった。

しかしAFEE設立後その活動をめぐって、ヴェブレン以来の制度主義を継承・展開しようとする点が余りみられないとの不満が一部に生じ、グルーチーやトゥール（M. R. Tool）を中心にAFEEとは別に「制度主義思想学会」（The Association for Institutional Thought; AFIT）が1979年に設立された。これはAFEE設立本来の主旨に合致した形に戻すことを目指すとされたが、トゥールを初代会長にし、ヴェブレン経済学の展開という路線がより明確にされることとなった。

コースやウィリアムソン、ノースらの「新しい制度経済学」の展開に対して、ヴェブレンの制度主義を継承し、その立場から「新しい制度経済学」批判の立場を最も鮮明にしているのが、ダッガー（William M. Dugger）やスタンフィールド（Ronald Stanfield）らの「ラディカル派制度主義」（Radical Institutionalism）の動きである。

ラディカル派制度主義は、AFEE のなかにあって「新しい制度主義」批判において最も厳しいだけでなく、マルクスやとくに制度主義的なネオ・マルクシストとの統合に意欲を見せているグループといえる。学会組織の上では、1968 年に設立されたアメリカ新左翼系の「ラディカル経済学連合」（The Union for Radical Political Economy; URPE）と AFEE との会員のある種の統合が目指され、両学会の機関誌である *J.E.I* と *Review of Radical Political Economics*（1969-）との間でそのための編集上の特別の配慮も行われている[8]。

制度主義アプローチはヨーロッパでは、1988 年に「ヨーロッパ進化経済学会」（The European Association for Evolutionary Political Economy; EAEPE）がケンブリッジのホジソン（Geoffrey M. Hodgson）を中心として設立された。これはアメリカ制度派経済学そのものを継承するというものではなく、広くヨーロッパを中心に展開されている進化経済学や「新しい制度経済学」などを包括しようとする学会といえる。この学会にはポスト・ケインジアン、シュンペータリアン、マルクス主義者、レギュラシオン学派なども含まれ、それらと強い結びつきをもっている。

この動きに対応して、1997 年には日本でも「進化経済学会」（The Japan Associlation for Evolutionary Economics; JAFEE）の設立となった。ちなみに日本にはアメリカ経済学史を研究対象とする「アメリカ経済思想史研究会」（1995 年設立）があるが、この会員のうちには制度主義の立場に立つ研究者も多い[9]。

2 「新しい制度経済学」

(1) R. H. コースの取引費用の経済学

取引費用論の展開によって新古典派経済理論の制度主義的修正が開始された。これは主としてコースとウィリアムソンらによる。

コースはロンドン生まれでLSE出身。LSEを含めイギリスの大学で教えたのち、シカゴ大学へ移り、1991年にノーベル経済学賞を受賞した経済学者である。コースの主著は、以下に取り上げる『企業・市場・法』（*The Firm, the Market, and the Law*, 1988.）である。

ウィリアムソンには『市場と組織』（*Markets and Hierarchies: Analysis and Antitrust Implications*, 1975.）や『経済組織』（*Economic Organization*, 1986.）がある。

従来の新古典派経済学では、消費者は効用の極大化、生産者は利潤の極大化を計るという仮定のもとの選択の理論に過ぎず、交換はその制度的状況を特定せずに行われる。そこでは「人間性のない消費者、組織をもたない企業、そしてさらに市場すらもたない交換である」[10)]。そこでは企業と市場は存在するものと仮定されており、それら自体は分析対象となっていない。その結果、企業の決定に対する法の重要な役割はまず無視されてきた。コースの目的は「この経済理論を用いて企業、市場、法が経済システムの働きの中で果たす役割を検討する」[11)]ことであった。伝統理論では、企業は生産要素を生産物に変換する組織として前提されているに過ぎず、なぜ企業が存在するのかが明らかではない。コースは市場、企業、法自体が社会的制度としてもつ影響と役割を明らかにしようとしたのである。

そこでコースは、社会経済組織としての企業の分析を重視し、経済システムを構成する法制度のあり方の決定において、市場の「取引費用」（“transaction costs”）が果たす基本的な役割の重要性に注目する。新古典派的な完全競争のもとでは、私的費用と社会的費用とは等しく、これは取引費用ゼロの世界である。取引費用が存在しない場合には、そもそも企業が存在する経済的理由がない。しかし現実の世界では、取引費用が存在し、経済の複雑化と共にその重要性を増しているので、この取引費用を経済分析の中に明示的に取り込む必要がある。

社会的費用の分析に当たって、コースは所有権や責任ルールなどの法的決定の局面のもつ効果を経済分析に取り込むことの重要性を指摘したのである[12)]。しかし彼が明言しているように、コースの基本的立場は「標準的経済理論（新古典派経済理論）を放棄する必要はない。分析の中に取引費用を取り入れることが必要なのである」[13)]という言葉に尽きる。

(2) D. C. ノースの制度主義経済史

ノースはマサチュセッツ州のケンブリッジに生まれ、カリフォルニア大学バークレイ校出身（Ph.D.)。現在セントルイスのワシントン大学教授で、1993年にノーベル経済学賞を受賞した。以下では彼の主著『制度・制度変化・経済成果』（*Institutions, Institutional Change and Economic Performance*, 1990.）によって、ノースの「新しい制度経済学」としての経済史の理論をみておこう。

1950年代から60年代に流行した数量経済史（新古典派経済理論と計量経済学的分析とを使った「新しい経済史」）が歴史

の経済的変化を体系的に説明できないことから、ノースは新古典派経済学の経済史への適用を、コースらの取引費用論を取り込むと共に、さらに進めて制度や制度変化を論じる経済史へのアプローチを試みることとなった。これがノースの「新しい制度経済学」として展開された経済史の理論である。

ノースによれば、「制度は社会におけるゲームのルールである」[14]。制度の主要な役割は、社会に安定した関係を確立することによって「不確実性を減少させることにある」[15]。社会制度としての企業・市場を扱う取引費用論の適用については、ここでは繰り返さないが、ノースの場合重要なのは、制度変化の説明である。ノースは制度変化の要因を①相対価格の変化（要素価格比の変化）と、②選好（あるいは嗜好）の変化の２つに求めている[16]。そして制度変化のプロセスを、不連続な制度変化要因（戦争、革命、自然災害等）も指摘しているが、思想やイデオロギーの変化も含めた文化の進化論として、連続的・漸進的制度変化の理論として把握している。

とくにノースの理論で重要な点は、彼が異なる経済社会によって経済発展や成長に相違がみられることを説明する概念として「経路依存」（“path dependence”）を用いていることである。これはさまざまな出来事や事情の結果として、それが支配的となると、その社会をある特定の長期的経路に向かわせることを説明するものである。ノースはこの制度変化の長期的経路を決定する要因として、制度に対する収穫逓増と、膨大な取引費用を必要とする不完全市場とを指摘している。市場が競争的で取引費用がゼロに近い場合には、その長期的経路は効率的で経済成長が達成される経路をとる。反対に市場が不完全で取引費用が巨額になる場合には、このような事情に支配されて社会は経済的停滞に陥るとされる[17]。

ノースにあっては、国家という制度の役割も、経済の効率的確保に貢献する役割を果たすものとされ、国家のコントロールが問題とされる。

ノースの基本的な立場は、制度理論を新古典派理論に組み込むために、その理論においてどのような変更がなされねばならないかを検討することである。彼は「制度分析を経済学と経済史に統合することは、強調点を変えることであって、既存の理論的な分析ツールを放棄することではない」[18]と述べている。ただそのさいノースは次のことが必要だと主張している。

① 合理性の概念と含意を修正すること（行動仮説の問題）。

② 思想とイデオロギーを分析に組み入れること。

③ 政治的、経済的市場が機能するための取引費用を明示的に研究すること。

④ 諸経済の歴史的発展に対する経路依存の諸帰結を理解すること。

⑤ 新古典派価格理論の基本的ツールと数量経済史によって開発された精巧な数量的技術は、ツールの一部であり続けること。

これらの点をノースはアメリカ経済の発展に則して説明しているのである。

(3)「新しい制度経済学」の評価をめぐって

この「新しい制度経済学」をめぐってさまざまな批判やコメントが加えられ、これからの展開に大きな関心がもたれている。例えば、ホジソンはその特徴を次の5点に絞って批判を加えている[19]。

①個人を外在的とみる観点、つまり個人とその選好は外部から与えられ一定所与とみなす。「合理的」個人と均衡指向的分析を前提とする。②方法論的個人主義。すべての社会現象、その構造と変化は、原則として個人によってのみ説明可能とみる。③制度展開の説明に当たって、すべての種類の社会制度の機能を、与えられた個人間の関係によってとりあげる。そこでは個人の行動は制度の形成に導くが、制度は情報や制限を提供する以外、個人を変化させないと仮定されており、個人自体が社会制度によってある根本的な仕方で形作られる可能性は考えられていない。そこでは計算する合理的個人は説明されるよりもまず前提されている。

これに関連して、制度に対するゲーム理論によるアプローチがとられている。社会制度の起源の説明に当たって、ノースの制度主義経済史は、ある文脈で活動する与えられた個人を前提しなければならない。制度や文化的・社会的規範は、初めからすでに前提されている。このような与えられた個人を前提にした社会制度の発生の説明の試みは、制度発生の最初の状態の理論的説明に関して大きな困難に直面せざるを得ない。

④市場の概念化。市場は組織された機能的存在とはみなされず、単なる個人の取引者と交換の集計とみられている。例えば、ウィリアムソンの場合には、市場制度の起源の検討問題に入る前に、「はじめに市場ありき」とされている。ここには市場自体は制度的抑制や行為者の談合からまったく自由であるという誤った示唆が含まれている。

⑤企業の理論に関して、ウィリアムソンの場合、表面的には彼の立場はおそらく正統派を捨てているようにみえるが、よく検討してみれば、彼の新古典派理論からの乖離は部分的で不完

全であり、新古典派の分析装置の核の多くは残されている。またウィリアムソンでは、個人の選好関数は個人が置かれている経済環境や制度によって変化しないと仮定されており、極大化行動（費用極小化）という正統派の前提が残されている。

サムエルズも指摘しているように、制度主義は制度と個人の相互決定関係を重視するものであり、新古典派や「新しい制度経済学」における「合理的選択」（“rational choice”）とは決定的に異なる点が重要である[20)]。ノースの制度主義経済史のアプローチに、ある意味で期待をよせるラザフォードは、ノースの理論展開を初期から現在へとフォローし、ノースが、初めの時点で示した制度と制度変化への厳密な新古典派的アプローチからかなりの距離を移動したことを認めている。ノースは合理的な選択者としての伝統的な新古典派の人間観と文化的産物としての制度主義的な人間観との間のギャップに橋を架けようと試みていると、ラザフォードはみている。しかし、ノースは個人や企業の活動を叙述するさいには、与えられた利己的極大化の仮定を離れていない。したがって、個人が社会的な規範を受け入れて行動することを認めるのであれば、個人は伝統的な新古典派の極大化をはかる人間ではあり得なくなる。ここにノースのアプローチの中の２つの重要な要素である、新古典派と、彼が標準的な合理性仮説に対して行いたいと願う修正との間の未解決の対立・矛盾があると、ラザフォードは指摘している[21)]。

さらにダッガーが明言するまでもなく[22)]、ノースは、既に制度とその歴史的変化の過程をもっぱら問題にしてきたヴェブレン、コモンズ、ミッチェルに始まりガルブレイスに継承されてきた制度派経済学の業績を完全に無視した形で、新しい経済史の理論の発見を称えていることもまた事実である。

3　ラディカル派制度主義経済学

「新しい制度経済学」の台頭に対して、アメリカの「進化経済学会」のなかにあって、最も厳しい批判的立場を強調しているダッガーやスタンフィールドの「ラディカル派制度主義」については、ダッガーによってその特徴が次の7点に要約されている。

①　経済は過程であり均衡ではない。
②　社会化された非合理性は搾取された階級の自称の連帯をしばしば圧倒する。
③　権力と身分は専制を維持するために神話や権威と結びつく。
④　平等は優れた生活にとって不可欠である。
⑤　価値とイデオロギーの支持。
⑥　参加民主主義による政策形成や政策の選択を重視する。
⑦　現在の統治下では、増分的・漸進的調整よりも、むしろラディカルな変化が要請される（この点がとくに強調されている)。ラディカル派制度主義は労働価値論に基礎をおかないが、新古典派経済理論に関連してマルクス主義と一定の批判的論点を共有する[23)]。

ダッガーとURPEの中心的メンバーであるシャーマン（Howard J. Sherman）との共同論文によれば、彼らは、①制度派は「進歩主義」（“progressivism”）への堕落を避けること、②マルクス派は「経済決定主義（“economism”）への堕落を避けること、③ラディカル派制度主義とネオ・マルクシストとの協力により、社会的変化と進化の理論をより豊富にすることができる。こうした点が強調されている[24]。

結論としてダッガーは次のように述べている。「制度主義者は経済を権力と身分によって支配され、非合理性によって歪められた過程として説明する。にもかかわらず、制度主義者は道徳的に会社資本主義をすべての人のための豊かさの民主主義的で平等主義的なシステムに変容させる進歩的闘いに従事するものである」[25] と。

4　制度主義経済学の現状

すでに概観したが、サムエルズの表現を借りれば、いまや制度主義の大活力化現象が進行している。彼はそれを、①アメリカの旧制度主義（AFEE, AFIT, ラディカル派制度主義者）、②「新しい制度経済学」、③アメリカの若い世代の制度主義者（旧制度学派のリバイバルとセクト的論争に関心を示さない制度主義者）、④ヨーロッパの制度主義（EAEPE）として展開されている、とみている[26]。こうした最も広い立場から制度主義の展開をみれば、将来の制度主義経済学発展の中心問題は、それをアメリカの旧制度主義の上に直接打ち立てるか、それともその他の制度主義と合流して、進化・制度経済学の新しい結晶に向うかにあるとされている。アメリカ制度派のセクト主義的確執に警告を発してやまないサムエルズ[27] はむしろ、現在のところでは、アメリカよりもヨーロッパの制度主義の展開に光を見出そうとしていると言える[28]。

これに対してヨーロッパにあって、同じく広い意味での制度主義、進化主義の経済学の展開を背景にしたホジソンによれば、新古典派理論にもとづいた「新しい制度経済学」の貢献にもかかわらず、構造的発展は比較静学で主に取り上げられるにとどまっており、長期的な経済変化過程の取扱いに至っていない。他方、アメリカの旧制度主義は20世紀の中葉に行きづまり、ヴェブレンもコモンズもミッチェルも、制度主義の十分な理論体系を作り上げていないのであるが、その遺産は極めて重要であり、今も生きており、慎重な検討に値する。しかし、それは一連の潜在的に有用な研究路線の「ヒントと指示」にとどまっている。制度主義は正統派に取って替わるほど十分に体系化されていない。とはいえ他面では、変化を求める圧力は極めて強力であり、正統派経済学は不変にとどまることはあり得ない。世界における現実の急速な制度的・構造的変化は、制度主義経済学の展開にとって、今や旧制度派の発展にとっての1920年代・30年代よりも、ある点で一層機が熟していると、ホジソンは述べている。いずれにしても、100年後の経済学は制度主義、進化主義を離れてはあり得ないことが強調されている[29]。これが制度主義経済学の現状といえる[30]。

〈注〉

1) Joseph Dorfman, *The Economic Mind in American Civilization, 1606–1933*, New York: The Viking Press, Vol. 4, (1949), pp. 352–53.

2) Paul Samuelson, Economics, 10th ed., (1976), p. 847.　現代の主流派による制度派の見かたについては、Philip A. Klein, “American Institutionalism: Premature Death, Permanent Resurrection”, *J.E.I.*, 12–2, June (1978), pp. 251–76. を参照。

3）Malcolm Rutherford, "Institutionalism Between the Wars", *J.E.I.*, 34-2, June（2000）.
4）Rutherford, *ibid.*, pp. 296-98.
5）Rutherford, *ibid.*, p. 300.
6）Rutherford, *ibid.*, p. 301.
7）この広い意味での制度主義アプローチの展開に関する重要文献については、さしあたり W. J. Samuels の論文が参考になる。注 20 を参照。
8）Philip Anthony O'Hara, "The Association for Evolutionary Economics and the Union for Radical Political Economics: General Issues of Continuity and Integration", *J.E.I.*, 29-1, March（1995）, p. 140.
9）「アメリカ経済思想史研究会」については、『アメリカ経済思想史研究ニューズレター』, No. 1-6（1995-2000 年）を参照。
10）Coase, *ibid.*, 宮沢健一他訳『企業・市場・法』（東洋経済新報社、1992 年）5 頁。
11）Coase, *op. cit.*, 前掲邦訳、7 頁。
12）コースの取引費用論をとり入れ、それを基礎に正義を説明しようとする、「法の経済分析」（"economic analysis of, law"）ないし「法と経済学」（"law and economics"）という非市場的行動に経済学を適用する研究がシカゴ大学を中心に進められてきた。1958 年に専門雑誌 *Journal of Law and Economics* が創刊され、次いで *Journal of Legal Studies*（1972）、*Research in Law Economics*（1979）、*International Review of Law and Economics*（1981）、*Journal of Law, Economics and Organization*（1985）が創刊されている。ポズナー（Richard A. Posner）はベッカー（Gary S. Becker）を継承し、不確実概念と情報費用の概念を基礎に効率性を規定して、「社会的富の最大化」によって正義やコモン・ローを説明している。Cf. R. A. Posner, *The Economics of Justice*, Harvard University Press,（1981, 2nd ed., 1983）. 馬場孝一・国武輝久監訳『正義の経済学』（木鐸社、1991 年）。
13）Coase, *ibid.* 同上、p. 32.
14）D. C. North, *ibid.*, 竹下公視訳『制度・制度変化・経済成果』（晃洋書房、1994）3 頁。

15) North, *ibid.*, 邦訳、148 頁。
16) North, *ibid.*, 邦訳、110 頁。
17) North, *ibid.*, 邦訳、とくに第 11 章「制度変化の経路」を参照。
18) North, *ibid.*, 邦訳、179－180 頁。
19) G. M. Hodgson, "Institutional Economics: Surveying the 'Old' and 'New'", *Metroeconomica*, 44－1, (1993), pp. 4－12.
20) W. J. Samuels, "The Present State of Institutional Economics", *Cambridge Journal of Economics*, 19－4, August (1995), p. 572.
21) M. Rutherford, "The Old and the New Institutionalism: Can Bridges be built?", *J.E.I.*, 29－2, June (1995). ノース、とくに後期のノースによる展開を高く評価し、制度主義との掛け橋的存在としての重要性を強調しているのが J. Groenewegen, F. Kerstholt, and Ad Nagelkerke, "On Integrating New and Old Institutionalism: Douglas North Building Bridges", *J.E.I.*, 29－2, June (1995), pp. 467－75. である。
22) William M. Dugger, "Douglas C. North's New Institutionalism", *J.E.I.*, 29－2, June (1995), p. 453. ダッガーによるウィリアムソンやコースの取引費用分析に対する批判は次のものを参照。"The Transaction Cost Analysis of Oliver E. Williamson; A New Synthesis?", *J.E.I.*, 17, March (1983), pp. 95－114; "Transaction Cost Economics and the State". In *Transaction Costs, Markets and Hierarchies*, edited by Christos Pitelis, Oxford: Basil Blackwell, (1993), pp. 188－216. ラディカル派制度主義の立場からの「新しい制度経済学」(コース、ノース) に対する批判に、Anil Hira and Ron Hira, "The New Institutionalism: Contradictory Notions of Change", *American Journal of Economics and Sociology*, 59－2, April (2000), pp. 267－82. がある。
23) W. M. Dugger, ed., *Radical Institutionalism. Contemporary Voices*, New York, etc., Greenwood Press, (1989), "Radical Institutionalism: Basic Concepts", p. 4. これは *Review of Radical Political Economy*, Spring, 20－1, (1988), pp. 1－20. から再録された。
24) W. M. Dugger and H. J. Sherman, "Institutionalist and Marxist

Theories of Evolution", *J.E.I.*, 31－4, Dec. (1997).

25) W. M. Dugger, ed., *Radical Institutionalesm, op. cit.*, p. 17.

26) W. J. Samuels, *op. cit.*, p. 571.

27) W. J. Samuels, "Institutional Economics after One Century", *J.E.I.*, 34－2, June (2000), pp. 305－315.

28) W. J. Samuels, "The Present State of Institutional Economics", *op. cit.*, p. 581.

29) G. M. Hodgson, *op. cit.*, pp. 22－23.　ホジソンは最近の論文で、とくに「新しい制度経済学」と制度主義経済学との最も明確で重要な相違点を個人の「合理的選択」に求めている。新古典派や新しい制度経済学が、個人を与えられたものとして受け取り、個人の合理的選択を基準に考えるのに対して、制度主義の最大の重要な特徴は、制度と個人の相互決定性の理解の上にたった制度の重要性を認める点にあることがあらためて強調されている。G. M. Hodgson, "What Is the Essence of Institutional Economics?", *J.E.I.*, 34－2, June (2000), pp. 317－29.

30) 制度主義経済学の新展開に関する主要文献（単行本）としては、さしあたり次のものを参照。Allan G. Gruchy, *The Reconstruction of Economics. An Analysis of the Fundamentals of Institutional Economics*, Westport, CT, Greenwood Press, (1987).

G. M. Hodgson, *Economics and Institutions. A Manifesto for a Modern Institutional Economics*, Cambridge, Polity Press, (1988). 八木紀一郎他訳『現代制度派経済学宣言』（名古屋大学出版会、1997 年）。

————, *Economics and Evolution*, Cambrige, Polity Press, (1993).

Malcolm Rutherford, *Institutions in Economics. The old and the New Institutionalism*, Cambridge University Press, (1994).

W. J, Samuels (ed.), *Institutional Economics*, 3 vols., Edward Elgar, (1988).

Marc R. Tool (ed.), *Evolutionary Economics*, 2 vols., NY, M. E. Sharp, (1988).

————, (ed.), *Institutional Economics. Theory, Method, policy*, Kluwer Academic Publishers, (1993).

G. M. Hodgson, W. J. Samuels and M. R, Tool (eds.), Companion to *Institutional and Evolutionary Economics*, 2 vols., Edward Elgar, (1994).

経済学史プロパーの領域での成果としては次のものを参照。

Shigeto Tsuru, *Institutional Economics Revisited*. University of Cambridge, (1993).

都留重人著、中村達也・永井進・渡会勝義訳『制度派経済学の再検討』(岩波書店、1999 年)。

Rick Tilman, *Thorstein Veblen and His Critics, 1891–1963*, New Jersey, Princeton University Press, (1992).

———, *The Intellectual Legacy of Thorstein Veblen*, NY, Greenwood Press, (1996).

James Ronald Stanfield, *John Kenneth Galbraith*, Macmillan Press, (1996).

Laurence Shute, *John Maurice Clark, A Social Economics for the Twenty-First Century*, Macmillan Press, (1997).

Yuval Yonay, *The Struggle over the Soul of Economics. Institutionalist and Neoclassical Economists in America between the Wars*, Princeton University Press, (1998).

付I

オーストラリア経済学史学会
創立25周年を記念して

1　オーストラリア経済学史学会創立会議（1981）

オーストラリア経済学史学会の創立会議が開催されたのは、1981年5月8日～9日、シドニーから北へ約50キロ、アーミデイルにあるニューイングランド大学においてであった。

主催校のJ. プレンとJ. C. ウッドをオーガナイザーに、オーストラリア在住の20人と、外国からはイギリス、アメリカ、カナダからの参加者がなく、私が唯1人日本の経済学史学会を代表して加わり、計23人が集まった。

あれから25年が経過し、今年は25周年の記念すべき年を迎えた。創立会議に参加して以来親交を保ってきたシドニー大学のグロンベーゲン教授から、昨年のクリスマスにいつものカードと共に、オーストラリア経済学史学会（HETSA）の機関誌、*History of Economic Review*（No. 43, 2006）で、“HETSA's Silver Jubilee”という創立会議の参加者を中心に回想的なショート・コメントを編集するので、短いものを寄せてほしいとの依頼があった。この企画に賛同して私が寄せたのが“Australia and Japan and the Study of the History of Economic Thought”(pp. 15–17）である。

この企画には、創立会議参加者のうち、P. D. グロンベーゲン、T. エンドレス、G. ハーコート、M. シュナイダー、M. ホワイトに私を加えた6名がコメントを寄せている。また、15葉の写真まで掲載されていて、そのうち創立会議の写真3葉は、グロンベーゲンが書いていることから、やっと思い出したのだが、私が会議の直後に彼に送っていたものだった。

これらの回想的コメントを読むと、やはり1つの学会が立ち上げられるときの経済学史研究者としての志と熱気が鮮明によみがえってくる。研究報告もとくに選ばれた質の高いものだったし、何よりもたっぷり1時間をかけてのディスカッションは、オーストラリア流のストレートな批判と熱っぽい建設的な討論に満ち溢れていた。それは日本の発足当時の経済学史学会関西部会での討論によく似ており、ときにそれを超えるほどのものと、私の目には映った。報告者は5名と Research in progress session（いわゆる院生報告）の1名の計6名だった。

経済学史学会から推薦を受け、日本学術会議から派遣された私は、帰国後間もなく2つのレポートを書いた。1つは、一般向けに『経済セミナー』（No. 320、1981年9月）に「生まれたての経済学史学会」としてやや詳しく、もう1つは、『経済学史学会年報』19号（1981年11月）にである。

会議での研究報告は、シュナイダーの「過少消費論のエッセンス」、院生のホワイトによる「オーストラリアにおけるジェヴォンズ」、グロンベーゲンの「テュルゴー、ベッカリア、スミス」、B. ゴードンの「聖書における稀少性問題」、H. マックブートの「ジェイムズ・ウィルソンと1847年商業恐慌」、ハーコートの「マーシャル、スラッファ、ケインズ――同床異夢か？」の順に行われた。

当時の私の関心からとくに印象的だったのは、ホワイト、グロンベーゲン、ハーコートの3報告だった。ホワイトは今では世界のジェヴォンズ研究の第一人者の一人であり、関西学院大学の井上琢智会員との共同の仕事でも知られている。グロンベーゲンについては、大著マーシャル伝の著者として、またとくに極めて幅広い学史研究によって著名で、2005 年にはアメリカの経済学史学会（HES）から Distinguished Fellow として表彰されたことは言うまでもない。また、ハーコートは当時すでに『ケンブリッジ資本論争』(1972）の著者としてよく知られており、会議では別格のおもむきさえ感じられた。

「生まれたての経済学史学会」で書いたが、報告と討論とのあいだ、「ペイパー」が「パイパー」と聞こえ、「ケインズ」が「カインズ」になるオーストラリアのアクセントに悩まされたが、間もなく慣れてきて楽しくなったのを覚えている。もちろん私自身の英語は棚上げにしての話である。

この会議で、今想い出しても強烈な印象を受けたのは、ディナーでのハーコートのスピーチだった。われわれはハーコート節をそこでたっぷりうかがうことになったのだが、「私の最も尊敬する 2 人の偉大な教師」と言いながら、彼がテーブルの右前にスラッファの額入り写真を、そして左前にはさらに大きな額に入ったジョウン・ロビンソンの写真を置いて話し出したことだった。私は思わず「シュライン」と言ってしまった（上記『経済セミナー』には私の撮った写真が掲載されている)。今回の創立記念の回想で、ホワイトがこれに触れて、“Geoff had placed framed photos of Joan Robinson and Piero Sraffa in front of him. With some lighting by candles, the effect was similar to a shrine” (pp. 17−18）と、同じく回想しているのがうなずける。

総会で学会名はオーストラリアの経済思想史を中心とした学会という誤解を避けるため、Australian History of Economic Thought Society ではなく、History of Economic Thought Society of Australia（HETSA）と決まった。この学会はイギリスの経済思想史会議をモデルに会長や役員を置かず、会議は持ち回りとされた。しかし実質上はグロンベーゲン氏が1989年まで会長の任に当たることになった。そして『ニューズレター』第1号が1981年冬に出されることとなった。これはのち1986年に『ブリテン』と変わって1990年まで続き、現在の正式な機関誌 *History of Economic Review* の第1号に発展したのが1991年である。

総会会議で私は短い英文の「日本の経済学史学会」を配布し、簡単に説明することができたが、これは *HETSA Newsletter*, No.1 に掲載された。これが機縁でそれはアメリカの *HES Bulletine*, 3 (2), 1982 に再録されることになった。また、私は日本からの通信員を依頼されたので、日本の経済学史学会の活動をかなりの間毎回報告し、それらが *Newsletter* などに掲載された。

2 創立後のオーストラリア経済学史学会と日本

こうして HETSA が誕生し、日本との交流が開始されていった。1987年の第4回大会に杉山忠平会員が参加され、以降1993年第7回大会は、橋本比登志、塘茂樹、葛西孝平の3氏が報告している。その後では、私の調べた限り、95年、99

年、2000年、2001年と参加者、報告者が増加しており、詳細は省略せざるをえないが、2001年まででみても、15名を超える会員が参加者、報告者となっている。

創立会議以来、私は公私共に出来るだけ密接に連絡を保持してきたが、この機会にとくにグロンベーゲンとプレン両氏との交流について触れておきたい。

グロンベーゲンがシドニー大学から編集・刊行していた、氏の解題の付いた「経済学古典リプリント」の日本の学史学会会員に対する頒布に協力したことがその1つである。とくに財政的に厳しい状況下にあったとき、氏からの依頼で補助金が継続されるように、リプリント・シリーズの研究上の意義を訴える文章を彼に送ったこともあった。

このリプリント・シリーズは、1982年に第1号、[W. Pulteney], *Some Thoughts on the Interest of Money in General* (1738) が刊行されてのち、ケネーの *Farmers* (1756)とチュルゴの *Sur la Grande et la Petite Culture* (1766)の英語訳、トレンズの *The Economists Refuted (1808) and other Early Economic Writings*, Piero Verri, *Reflections on Political Economy* (1771)(英訳)、マーシャルの *On the Method and History of Economics* (Circa, 1871)、チュルゴの *Extracts from His Economic Correspondence with Du Pont de Nemours, David Hume, Josiah Tucker, Condorcet, Morellet and Others* (1765–78)(英訳)、デュポン・ド・ヌムールの *The Origin and Progress of a New Science* (1768)(英訳), Thomas Took, *Considerations on the State of Currency* (1826), John Asgill, *On Land Banks* (1696) and *Charity* (1731)、ボワギルベールの *Discourse on the Nature of Wealth* (英訳)など、10点以上に及んでいる。当時はこれらのリプリントは

とくに貴重な資料であり、その貢献は小さくなかった。

次に、これは私事にわたるが、1990年に私が『古典経済学の生成と展開——古典経済学研究 II』を編んださい、氏から論文“Marx's Conception of Classical Political Economy: An Evaluation”を寄稿していただき、その邦訳を収録することができたことである。

さらに、とくに氏に感謝したいのは、1995年1月の阪神大震災による被害のため、ロッテルダムのエラスムス大学で開催された第1回「ヨーロッパ経済学史学会議」に出席できなくなったとき、やむなく急遽マーシャル研究家としての氏に私のペーパー、“J. B. Clark and Alfred Marshall: Some Unpublished Letters”の代読を快く引き受けていただいたことである。

マルサス研究家として著名なプレン氏との関係については、まず私が学史学会の代表幹事だった1992年に学会から正式に大会へ招聘し、マルサスに関する共通論題と関連して、「なぜ現代の経済学者はマルサスの『経済学原理』を読まなければならないか」という講演をしてもらったことである。同時にこの機会に関西学院大学やその他の諸大学でセミナーを開き、マルサス研究をめぐって交流が進んだ。

第2に、プレン氏と日本との密接な関係は、よく知られているように、関東学園大学所蔵の未公表のマルサス文書をT. H. パリー氏と共に編集したことによく表れている（John M. Pullen and Trevor Hughes Parry (eds.), *The Unpublished Papers in the Collection of Kanto Gakuen University*, vol. 1. 1997, vol. 2, 2004, Cambridge University Press）。この困難な編集作業を通じての世界のマルサス研究への貢献は、日本とオーストラリアの具体的交流の1つの成果と言えないであろうか。

この創立 25 周年という1つの区切りを機会に、HETSA と JSHET の一層の発展と共に、両学会の交流のさらなる深まりと新たな展開を願ってやまない。

最後に一言加えて終わりたい。オーストラリアの *Review* とも関連して思うことは、われわれの『年報』の『経済学史研究』(年2回）への発展、英文論文の次第の増加の方向をさらに進める機会が近づいていることである。世界で最も古く、おそらく最大の会員を擁するわれわれの JSHET が国際交流をさらに一歩進めるために、世界に開かれた独立した英文ジャーナルを手にすることが望まれる。12 年前に言われた「時期尚早」の声は、通信手段の大きな進歩と会員の十分な力量によって、今や消滅しつつあるのではなかろうか。英断が望まれる。

付II

関西学院大学図書館所蔵資料の特徴：その発展に向けて

特別コレクション・自筆書簡・手稿・その他貴重資料を中心に

1　はじめに
――大学図書館の価値あるいはその質を決めるのは何か

普通、大学図書館は２つの機能をもっています。それは学習図書館と研究図書館の機能です。学習図書館としての機能上の問題は、それ自体重要ですが、それは別にして、今日は研究図書館としての機能に焦点を合わせ取り上げることになります。

では研究図書館としての大学図書館の価値あるいは質を決めるものはいったい何かがまず問題になります。①第一に建物・設備・環境があります。②次にコンピュータ化されたインテリジェント図書館であること。こうしたハード・ソフト両面をどれほど備えているかが、今日の大学図書館の必須条件であることは言うまでもありません。

しかし、図書館の中心は、こうした建物・装備に支えられて、どのような資料を所蔵しているのか、そしてそれらの資料はどのように利用できるのかという、所蔵資料とその利用の質と量にかかっています。

現在本大学図書館は約 122 万冊（図書のみ。うち上ケ原キャンパス 115 万冊、神戸三田キャンパス７万冊）を所蔵していますが、③所蔵資料に関して最も重要なのは、大学図書館がどのような総合的コレクション・ビルディングを行い、またこれから行おうとしてるのかということです。どのような総合的な収書・選書体制をもつかが問題です。これには伝統的媒体としての図書、雑誌、マイクロフィルム・マイクロフィッシュに加えて、CD-ROMその他の電子媒体の間のバランス問題もあります。さらに重要なのは大学の研究・教育の特性との関連です。

こうした総合的なコレクション・ビルディングの基本方針の中で、研究に向けてどのような特別コレクション・ビルディングの方針をもって、これまでコレクションを構築してきたか、そしてこれからどう構築していこうとしているのか。特別コレクション構築の基本方針が第一の問題といえます。

第二の問題は、特別コレクションの管理・保存・利用とコレクションに関する情報の発信体制です。そして第三には、これらの資料の利用に関連した高度なレファレンス機能がどこまで備わっているかが重要です。こうした基本的な観点から本大学図書館も絶えず問い直されてゆくことが必要です。

2　関西学院大学図書館所蔵特別コレクション・貴重資料収集の歴史と現状

(1)　本大学図書館蔵書、とくに特別コレクション・貴重資料の全体的特徴把握の試み

これまでこの大学図書館が所蔵する17・18・19世紀イギリスを中心とした政治・経済・社会思想史関係の特別コレクションについて、私は3回ほど講演をしたことがありますが、これ

らはいずれも、せいぜい社会科学のうち経済学に関係した特別コレクションに触れたにとどまります。また特別コレクションの目録や図書館報の『時計台』に掲載された資料紹介や解題をみても、それらは個々のコレクションに関するものであり、関西学院大学図書館の特別コレクション・貴重資料の全体を取り上げ、その特徴を明らかにすることは、残念ながらこれまで行われてきませんでした。特別コレクションを中心に、本大学図書館の蔵書全体の特徴を取り上げるのは、今回が初めての試みということになります。したがって今回の私の試みはひとつの評価・展望であるに過ぎず、今後の捉え方に示唆を与える基礎ともなれば幸いです。

(2) 特別コレクションの歴史と現状

1）４種類のコレクション

本大学図書館にはユニークな特別コレクションがかなり所蔵されています。その大要は「資料」に挙げておきました。これらのコレクションは、大きく４種類に分けることができると思います。

① ホッブス、ロック、スミス、ミル父子、のような、卓越した学者・思想家の著作とその研究文献から構成されるもの。

② 特定のテーマに関連した体系的コレクション。たとえばスコットランド啓蒙やイギリス社会政策、イギリス社会科学古典資料、宗教改革史・教会法史などがこれに入る。

③ 柴田文庫や堀文庫のように、収集者や収集に関連ある人の氏名を冠したコレクション（丹羽記念、佐藤　清、粟

野、赤井、小宮、高坂、梅田、室井、玉林、恒藤、山本文庫、など)。

④ クラーク＝ギディングズ往復書簡やイギリス功利主義・原典コレクションのように、主として自筆書簡・ノート・日記などの手稿類からなるもの（堀文庫も一部手稿を含む)。

これらの特別コレクションの概要を示すため、「資料」では、とりあえず簡潔な説明をつけておきましたので参照して下さい。もちろん今日は、これらのすべてにわたって解説することは不可能です。そこで、さまざまな制約も考慮し、いくつかの主要なコレクションに焦点を絞って取り上げることで、所蔵特別コレクションの「全体的特徴」を概括的に明らかにできればと思います。ただ便宜上、社会科学関係と人文科学関係とに分けて取り上げることにします。

2）社会科学関係コレクション

①柴田文庫

本学の特別文庫は1949年に所蔵されるようになった柴田文庫が第一号です。これは、本学の旧高等商業学部の教授で、ウォルストンクラフト、オウエン、モリス、およびイギリス自由貿易運動史の研究者だった北野大吉教授が、同窓の柴田亮一氏の資金援助によって蒐収した19世紀イギリス経済・社会思想史関連の文庫です。オウエン、ウォルストンクラフト、ウィリアム・モリスを中心とした300冊ほどの小コレクションです。ですが、とくに「資料」にも記しておきましたように、これは当時学内外の反響を呼ぶ質の高いものであり、本学の教員の研究水準のひとつの到達点を物語るもので、本学の研究史の上でひとつの画期を示すものといえます。

②堀文庫

堀文庫は、本学で永年、経済学史・社会思想史を講義され、経済学史学会創立の貢献者であり、その代表幹事を務め、学士院会員となり、11年の永きにわたって本学の学長も務められた、堀　経夫教授の蔵書の一部です。これは小さなものですが、プルードンやコベットなど19世紀イギリスおよびフランス社会思想史関係書（その主なものは171点）からなっていて、柴田文庫と関連が深いものです。

堀教授の旧蔵書は東は、慶應義塾大学の高橋誠一郎教授の蔵書と並ぶ経済学史・社会思想史に関連した蔵書として名高いものでした。その一部（経済史関係）は、関西大学に入っていますが、大コレクションの中心部分は、現在、大阪学院大学図書館に入っています。教授が1981年に他界されてのち、経済学史・社会思想史関係書と和雑誌と共に、教授自身のノート・原稿・日記などの手稿類などが、これらに加えられています。

③トマス・ホッブズ著作文庫

トマス・ホッブズ（Thomas Hobbes, 1588－1676）は、言うまでもなく、ロックと共に17世紀イギリスを代表する思想家です。ルネッサンス以来の近代哲学を背景に、物体論、人間論、国家論の三本柱からなる哲学体系を構築したと言われています。目録で岡本教授も書いておられるように、このコレクションは138点、158冊からなっていますが、H. マクドナルドとM. ハーグリーヴズのホッブズ研究ビブリオによれば、ホッブズの著作の約40%を越える諸版が含まれる有数のコレクションです。これがとくに優れている点は、ホッブズの有名な主著『リヴァイアサン』(1651) が、初版だけでなく17世紀に出た7つの版のすべてが揃っていることです。また最大の稀覯書のひとつとされている『哲学要綱　第三部、市民について』(ラテン語版初版、1642年) が含まれているほか、非常に稀少な諸版や出版当時の反応を示す著作などが収集されています。このコレクションはわが国ではずば抜けた最高のホッブズ・コレクションと言っても間違いありません。

④アダム・スミス著作文庫

経済学の創始者とされるアダム・スミス (Adam smith, 1723-90) の著作は、よく知られた『国富論』(1776) と、その17年前に著された『道徳感情論』(1759)、および彼の死後友人によって出版された『哲学論文集』(1795) の3冊だけです。スミス研究はこれまで膨大な蓄積をのこしており、今も盛んで、スミスの思想は今日も生きています。

本学のコレクションは、もともと79点、162冊と、ヒュームのスミス宛自筆書簡1通からなる小コレクションです。しかしこれには優れた特徴がみられます。それは、『国富論』関連の諸版が全部で43あり、なかでもダブリン版初版、3版、バーゼル版といった珍しい版が入っております。その外国語訳もかなり揃っています。

第二の『道徳感情論』については、3版と5版が欠けているものの、よく揃っており、非常に稀覯とされる最初のフランス語訳が入っています。第三の『哲学論文集』については、初版を初め5つの版が含まれております。

このコレクションのもうひとつの大きな特徴は、スミスの先輩・親友であるヒュームがスミスに宛てた自筆書簡1通（1772年11月17日付）です。この書簡が確かにスミス宛のヒュームの自筆書簡であることの確認作業と、その内容と意義についての調査・研究は、たまたま私が担当しました。この書簡はスミスとヒュームの友情をよりよく理解する新しい伝記的資料であるばかりでなく、『国富論』の執筆に関連した、ヒュームによる資料提供を示す点で、『国富論』の形成上の意義にも関連しています。

このコレクションは、世界最大であるハーヴァード大学のヴァンダーブルー・コレクションに比べれば、確かに小振りなものですが、わが国に存在するスミス・コレクションとしては、かなりまとまったもので、その価値は低くありません。これは後にかなり補充されていますが、今後も継続した補充作業によって、一層価値の高いコレクションとなることは確かです。

⑤ジョン・ロック著作文庫

ジョン・ロック（John Locke, 1632–1704）は、ホッブズと共に、17世紀イギリスを代表する思想家であり、とくにそのイギリス経験論哲学、および近代民主主義思想は著名です。ことに、『人間知性論』（1690）や『統治二論』（1690）はよく知られています。ロック研究もまた、今日膨大な研究蓄積の上に成りたっていますが、とくに第2次大戦後のラブレース・コレクションとメロン・コレクションのロック関係資料の公開以来、新展開をみせ、ロック研究の水準が飛躍的に向上しました。ロックは、哲学（ことに認識論）、政治思想、経済思想、宗教思想、教育思想等、きわめて広い領域において、今も重要な思想家であることは言うまでもありません。

本学のコレクションは、224点、328冊からなりますが、そのうちロック自身の著作は181点（うち1点は自筆手稿）および、その主著は各版にわたってほとんど揃っています。また各種の『ロック全集』もよく揃っているのが特色といえます。これほどのロック・コレクションは、わが国では他になく、ロック自身の著作に関するかぎり、外国でもこれほどのものは珍しいといえます。

⑥ジェイムズおよびジョン・ステュアート・ミル著作文庫

これは、父のJames Mill（1773–1836）の著作3点と、息子のJohn Stuart Mill（1806–73）の著作と研究文献、合わせて122点、150冊からなっています。ミル父子、とくに息子のミルは、19世紀にスミス、マルサス、リカードウを経た古典派経済学を継承し、新しい時代の要請にこたえて、新しい思想を吸収し、経済学に社会哲学を導入して、経済学の再構築を図ると共に、新しい学問体系を目指した思想家です。今日新たな現代的視点からその意義が高く評価されている思想家です。

本学のコレクションの特色としては、息子ミルの著作が71点に及び、その主要なものは各版ともほとんど含まれており、わか国でも有数のミル・コレクションといえます。しかも、これにはJ. S. ミルの貴重な自筆書簡6通が含まれており、すでに井上琢智教授によりその内容は紹介されています。このコレクションは、すでにかなり補充されていますが、今後各種の外国語訳などの一層の補充によって、わが国で最も有力なミル・コレクションとなることが期待されています。

⑦スコットランド啓蒙思想史コレクション

スミス著作文庫と最も深く関連し、それを直接補う性質をもつのが、このスコットランド啓蒙思想史コレクションです。アダム・スミスの経済学や思想は18世紀スコットランド啓蒙思想という時代潮流の中で形成されたからです。このコレクションは、その目録で竹本　洋教授が書いておられるように、18世紀スコットランド啓蒙における、法・政治思想史、社会思想史、経済思想史だけでなく、広い哲学、倫理学、宗教思想、美学、文芸評論などに関連した文献、212点、371冊からなっております。これは広い啓蒙思想史の上で、18世紀スコットランド啓蒙思想に関連した不可欠のコレクションですが、デイヴィッド・ヒュームとケイムズを中心に、D. ステュアート、ロバートソン、ハチスン、ファーガスン、リード、ジェイムズ・ステュアート、その他多くの思想家の著作が含まれています。しかしスコットランド啓蒙自体は、80年以上にわたり多彩な領域に及ぶものであるので、これから補充されるべき重要な文献は少なくありません。補充は今も進行中です。

⑧イギリス社会政策コレクション

新しい大学図書館の開館記念として1997年に購入された3つのコレクションは、ホッブズ著作文庫のほかに、イギリス社会科学古典資料コレクションとイギリス社会政策コレクションです。このうち、イギリス社会政策コレクションは、正確には「1557年以降のイギリス社会政策：貧困・慈善・公的給付」というタイトルをもっている320点、約500冊からなるユニークなものです。これは、経済学部の池田　信教授の解説が目録にあるように、救貧をめぐる16世紀以来のイギリスの長い歴史に関する極めて貴重な体系的コレクションです。この問題に関する法、政治、経済、社会に関連した歴史的実態と思想史資料が含まれています。なかでも、イングランドとは異なるスコットランドの救貧法関係の文献にとくに優れています。この問題に関するコレクションとしては、国内は無論のこと、世界的にみても有数のコレクションです。今後これをフルに利用した貧困と救貧をめぐる社会政策史と思想史の研究が待たれています。

⑨イギリス社会科学古典資料コレクション

これは、目録中の篠原　久教授の解説のあるように、17 世紀から 19 世紀にかけての経済思想史、社会思想史上の多くの稀覯本を含む貴重な図書およびパンフレット類 370 点からなっています。このコレクションは、本来、以上に取り上げてきた特別コレクション 8 つを補充・補完する目的から、それらに含まれる文献との重複を極力避けながら、とくに購入されたものであり、これによって本学図書館が所蔵する 17・18・19 世紀イギリスを中心とした社会科学関連コレクションがかなり強化されることになりました。詳細については目録に当たっていただくとして、たとえば経済学史関連では、ペティ、デュト、カンティロン、ローダーデイル、リカードウ、マルサス、A. ヤングの稀覯書や、社会思想史の分野では、モンテスキュー、ドルバックの著作などが含まれています。またフィッツハーバード旧蔵の 146 点に及ぶ 18 世紀関係の珍しいパンフレットも含まれています。

ところで、本学の特別コレクションの内容にみられる変化のひとつとして、図書などの印刷物だけでなく、新たに書簡・

ノート・日記といった手稿類の所蔵が増加してきたことが指摘できます。既に触れたヒュームやミルの自筆書簡がそうですが、これは研究動向や研究水準と深く関連しています。日本の研究者もこうした第１次資料にアクセスし、調査・研究する環境が整備されてきたことと、同時に研究水準も高度化してきたことの現れといえます。

これに対応して、大学図書館としては、こうした手稿類の整理・補完・利用についての専門的知識と技術が必要となっています。したがって、そのための特別な研修やレファレンス機能の充実が大学図書館の質の確保の上でますます重要となっています。こうした手稿を含む、あるいはそれを中心とした特別コレクションとして、比較的最近入手されたクラーク＝ギディングズ往復書簡とイギリス功利主義原典コレクションをあげることができます。前者は1995年、後者は2000年に所蔵されています。

⑩クラーク=ギディングズ往復書簡（1886−1930年）

このThe Correspondence of John Bates Clark written to Franklin Henry Giddings, 1886−1930は、アメリカにおける近代経済学の成立に最も大きく貢献したジョン・ベイツ・クラーク（1847−1938）の理論形成過程を示す、F. H. ギディングズ（社会学者・経済学者）宛の未公表自筆書簡およびその関連資料292点からなっています。クラークの書簡は266通にのぼります。これについては、「資料」にあるように、既にすべて解読・整理・編集され、英文解題付きで公表されています。

⑪イギリス功利主義・原典コレクション

これは、井上琢智教授の解題にもあるように、ベンサムとミル父子の著作12点と、自筆書簡7通、J. S. ミルの若い時代のフランス旅行日記など、20点からなっています。今後これらの書簡や日記の本格的な研究が待たれております。これはまた、直接的にはミル父子著作文庫と関連し、それを補うものです。

3）人文科学コレクション

人文科学関係のコレクションについては、私の専門外なので、いずれ適当な方が全体としての特徴について詳しく明らかにされる機会の来るのを期待したいと思います。私は素人ですが、とりあえず私なりの感想を以下述べることにしたいと思います。人文科学関係のコレクションは、きわめて多彩であり、社会科学関係のものにあるような共通した枠組みに類したものはみられないようです。

①丹羽記念文庫

まず最も特色あるコレクションのひとつは、戦後、柴田文庫に次いで、1959年に特別文庫となった丹羽記念文庫です。これは明治・大正・昭和に及ぶ近代詩歌集約2,000点と、与謝野晶子の第1歌集『みだれ髪』、および雑誌『明星』を含む、詩歌集と短歌雑誌約30種、評論・研究書からなる、わが国近代詩歌集関係の優れたコレクションです。

これは歌人だった丹羽安喜子さんが収集された2,968冊に及ぶコレクションです。丹羽安喜子さんは、日露戦争に出征した弟に「君死にたまふことなかれ」と詩った浪漫主義短歌を代表する与謝野晶子とその夫、鉄幹に師事した歌人でした。丹羽安喜子さんの没後、コレクションは夫の丹羽俊彦、元関西学院理事によって本学に寄贈されました。

『みだれ髪』の初版は、図書館でのちに追加購入されたものですが、元の文庫には3版と4版があります。『明星』はよく揃っていますが、なかでもその第1号〜第5号はとくに貴重とされています。（これは特別に表装され、貴重図書室に入れられています）。このコレクションは、とくに貴重なものを含むので、堺にある与謝野晶子・鉄幹の記念館からしばしば特別貸出しの依頼が来るほどです。

②佐藤　清文庫

次に挙げるべきは佐藤　清文庫でしょう。これは元本学文学部の英文学教授、佐藤　清氏の全蔵書5,598冊（うち洋書3,739冊、和漢書1,859冊）であり、19世紀イギリスのロマンティシズム文学、とくにテニスン、ブラウニング、キーツ、シェリーなどの詩を中心としたコレクションです。教授は1910年（明治43年）に東京帝国大学英文科を卒業し、関西学院へは1913年（大正2年）高等学部文科教授となり、1923年（大正12年）まで10年間在職しました。その間、1917年（大正6年）から2年間関西学院からイギリスに留学。もっぱらロンドンのブリティッシュ・ミュージアムで英文学の研究をされました。東山正芳、元文学部教授が目録に書いておられるように、関西学院の英文科は佐藤教授によってその基礎が築かれたのであり、原田の森時代の教え子には、志賀　勝、寿岳文章ほか、由木　康、岩橋武夫などが出ています。

教授は英文学会で活躍しただけでなく、詩人として多くの詩集をだすと共に、『関西文学』や『想苑』など、文学雑誌を起こし編集者としても活躍しました。とくに当時、文学部の学生だったモダニズム詩人、竹中　郁や、詩集『たんぽぽ』(1927)で知られる農民詩人の坂本　遼、さらに足立巻一といった詩人・作家たちの輩出に貢献されました。教授は好んで神戸市外、西灘村に住まいしましたが、学院に来られた翌年に第1詩集『西灘より』(1914)を出しています。詩、散文、訳詩を集めた『佐藤　清全集』3巻（詩声社、1963-64年）が遺されています。

③近世史料コレクション

このほか、「資料」にあるように、古代ギリシア・ローマ史に関する研究によって学士院賞を受けられた粟野教授の文庫、哲学・教育学に関する哲学者高坂教授の文庫、東欧諸国関係資料の梅田文庫、宗教革命史・教会法史コレクション、キリシタン関係中心の室井文庫など多彩です。これらについては、とりあえず「資料」を参照してください。

こうした多彩ななかでも、とくに重要なものに、本学図書館が所蔵するわが国近世文書史料群があります。これについては『史料目録』が出ているので、その一覧が可能です。これらの多数の近世文書のうち、本学の教授だった柚木重三教授が収集され、それを駆使して子息の元学長柚木　学教授が研究を大成した近世灘酒造業に関連した文書類や、『東寺文書』の貴重な一部、さらに最近寄贈された明治政治史関連文書など特色ある文書が多数含まれております。

4) 特別コレクションに関連したいくつかのエピソード

これらの特別コレクションを調査したさい出合ったり感じたりしたことの一端を、エピソード的に述べたいと思っていましたが、時間の関係でごく簡単にしまして、後は「資料」に委ねたいと思います。

そのひとつは、ロック著作文庫を調査した際、そのうち、初版が2種類あって、どちらが本物の初版かをめぐる問題に出合ったことです。そのひとつが、ロックの『人間知性論』初版（*An Essay concerning Humane Understanding*, London. Eliz. Holt, for T. Basset, 1690, [L−22]）についてです。

これはロックの書誌学的研究で知られるクリストファーセンのビブリオグラフィ（H. D. Christphersen, *A Bibliographical Introduction to the Study of John Locke*, Oslo, 1930.）によれば、前者の『人間知性論』は上記のホルト（Holt）版と呼ばれるものとは別に、モーリー（Mory）版（Printed for Tho. Basset, and sold by Edw. Mory at the sign of the Three Bibles in St. Paul's Church Yard. 1690.）の2種類が出ております。これは、ロンドンの出版社であるトマス・バセットがホルトとモーリーという二人の印刷者に印刷させたために起こったことです。

この2冊のうちどちらが本物の初版なのか、つまりどちらが初版の1st issue（第1刷）なのか、クリストファーセンは2種類を挙げただけで断定しませんでした。しかし、のちにオックスフォードのクラレンドン版『ロック全集』を編集したニディッチ（P. H. Nidditch）は、ホルト版を1st issueだとしています。

そこで、本コレクションの［L−22］を調査したところ、インクによる手書きの訂正が4個所見つかりました。このようなミスのある版が1st issueと考えられるところから、ホルト版こそ本物の初版ということになっています。本コレクションの『人間知性論』はこのホルト版であり、本物の初版であることが確認されたわけです。

もうひとつ、『教育に関する考察』初版も2種類あり、これについても、本コレクションを調査したところ、その［L-112］は、second issue であり、事実上の第2版とみなし得るものであることが分かりました。このような細かな調査には時間がかかり、エネルギーを消耗しますが、これは同時にドキドキする楽しい感動の時でもあります。

もうひとつのエピソードというのは、自筆書簡の解読に関するものです。スミス著作文庫にあるヒュームから親友スミス宛の未公開自筆書簡を調査・解読し、最終的に『アダム・スミス全集』の書簡集に入って、関西学院大学所蔵と明記されるまで、とてつもない時間とエネルギーが必要でした。

もうひとつはクラーク＝ギディングズ往復書簡解読のケースです。この場合には、書簡は266通という大量であり、その解読は気の遠くなるような time-consuming な仕事となりました。しかしこれによって本大学図書館が所蔵するコレクションを世界の学界に発信する義務を果たすということができ幸いでした。

5）まとめ――本大学図書館所蔵特別コレクションの4大特徴

以上をとりまとめるとしますと、関西学院大学図書館蔵書（とくに特別コレクション）の特徴を大きく4つに整理できるのではないかと思います。

第一の特徴は、みてきたように、政治思想、経済思想、社会思想を中心とした17・18・19世紀にわたるイギリスを中核に一部フランスを含む社会科学古典資料のコレクションにあるといえます。さらにこれに関連して文部科学省からの助成を受けたゴールドスミス＝クレス・ライブラリーとカール・メンガー文庫の膨大なマイクロフィルムが加えられ所蔵されております。

ここに取上げた11のコレクションは、その一つ一つはやや小振りではありますが、相互に関連し、補完し合うものであり、全体を合わせると約3,000点にも及ぶ質的に高い大型コレクションを形成しているとみることができます。これは全体として本大学図書館の誇りうる蔵書となっています。今後これらの一層の補充と補完によって、さらに充実したコレクションに仕上げ、その特徴をますます発揮できるようになることを期待したい。

第二の特徴としては、日本史、日本経済史、日本政治史などに関連したわが国近世文書の所蔵を挙げることができます。

第三の特徴としては、文学関係であり、近代詩歌関係の丹羽記念文庫と英詩・英文学関係の佐藤　清文庫を挙げることがきでます。丹羽記念文庫を生かして、その後の近・現代詩歌関係の資料の収集・補完が重要ではないかと思われます。また、佐藤文庫を基礎に大正・昭和時代に本学文学部が果たした近代詩や文学とのかかわりと、その輝かしい役割の解明や、その後の英文学関係の文献の補完が必要ではないかと思われます。2004年は神戸・関学が生んだモダニズム詩人、竹中　郁の生誕100年になります。竹中　郁、坂本　遼、足立巻一、その他今日ではほとんど忘れられた本学や本学出身の詩人・作家たちを中心とした近代詩や創作の歴史における貢献をあらためて明らかにし、それを大学として効果的に発信することが望まれています。

そして第四には、本学のキリスト教およびキリスト教主義に関連した神学・キリスト教関連資料、宗教改革史・教会法史、室井文庫、キェルケゴール関係書、聖書（エラスムス編新約聖書初版、明治初期の日本語聖書、最近入ったグーテンベルク42行聖書原本第2巻、2葉、4頁を含む）などがみられます。これは今後一層の充実が必要ですが、キリスト教主義大学としては、とくに聖書関係の優れたコレクションの収集が望まれます。

3　特別コレクション収集の発展に向けて

(1) 特別コレクション構築の基本方針の確認

まず第一に重要なことは、既に指摘したように、特別コレクション構築の基本方針を確認することです。特別コレクションは、実験系分野で大型実験設備が不可欠であるのと同様に、非実験系分野における研究上不可欠な資料です。したがって、このコレクション・ビルディングは、個人研究、グループ研究を含めて大学の研究促進上、決定的な重要性をもつという認識がまず重要であることは言うまでもありません。

特別コレクションは自然にあるいは偶然に形成されるものではありません。それは長期にわたり、継続して、計画的に構築されねばなりません。この長期性、継続性、計画性が不可欠です。それには大学図書館だけでなく、大学、学院としての研究促進、アカデミズムの振興政策の一環として、それを明確に位置付けることが必要です。大学図書館の強化、とくに特別コレクションの充実は、大学の研究・教育水準の向上との間に密接な相互作用があることはいまさら言うまでもないからです。この目的を達成するためには、具体的な制度化の整備が重要です。本大学図書館の特別コレクションの収集時期を見ればわかるように、1960年代以降、約40年ほどの間にその主な収集が行われ、とくに積極的となったのは1960年代に入ってからです。これは大学・学院における特別図書購入制度の開始と関連しております。単なる思いつきによる所蔵といった無計画で消極的な方法ではなく、大学・学院が図書館と一体となって、こうしたコレクション・ビルディング政策を進めることが必要です。これに限らず、こうした基本的な考え方から、さまざまな制度的工夫・改善を行ってゆくことが求められています。

(2) 特別コレクションの管理・保存・利用体制の一層の整備、情報の発信、他大学図書館との交流

これと同時に特別コレクションの管理・保存に力を入れ、利用体制を一層整備することが必要です。さらに重要なことは、特別コレクションや貴重資料の所蔵に関する情報の内外への発信と、他大学図書館との交流の促進があります。それには例えば次のようなことが考えられます。

1） 既にこれまで行われてきましたが、特別コレクション目録の刊行と改定・整備（とくに追加補完の多い『ロック、スミス、ミル父子文庫』の改定が必要)、定期的な特別展示と学術資料講演会の開催、図書館報『時計台』その他の学内メディアの活用による学内外への情報発信の促進。これには、ホームページの活用や絵ハガキの作成・頒布なども含まれます。

2) 特別コレクション・貴重資料を利用した研究、個人研究だけでなく、とくに異なる領域の専門家グループによる共同研究プロジェクトの検討が大切です。
3) 本学ほどの規模をもつ大学図書館が普通備えているように、図書館報『時計台』とは別に、調査・論文も含む一層本格的な『大学図書館年報』のような定期刊行物の発行が検討されてしかるべきでしょう。
4) 他大学図書館、とくに海外の優れた大学図書館との提携、相互交流の検討・促進（本大学図書館職員が海外の大学図書館において本格的に研修する機会の制度化も含めた）が必要でしょう。
5) 各専門学会とのさらに積極的な関係の維持・促進（展示・講演会などで)。
6) 国際化を促進するため、図書館内での新しい体制作りが必要になります。

(3) 特別コレクションの具体的補充と補完

社会科学関連コレクションと人文科学関連コレクションに関して、それぞれ個別のコレクションの補充の必要については既に指摘しておきました。それぞれのコレクションに関する権威あるビブリオグラフィーによって、補充の基本的枠組みを用意しておくことが重要であり、出来れば補充の優先順位をあらかじめ考えておくことも必要でしょう。

これまでに所蔵する特別コレクションとはまったく異なるコレクションの新たな所蔵も考えられますが、現在のコレクション全体の特徴を生かし、それを一層発展させることになるという意味での「補完」が、今のところ一層有効な戦略ではないかと思われます。

(4)　おわりに

以上に述べた観点を具体的な制度化・システム化に生かし、一層の発展を図ることがいま求められています。それは、ただ本大学図書館や本大学自身だけのためではなく、世界の大学・大学図書館・研究者を視野に入れた国際的利用による貢献を目指すことが望まれています。最後に、この大学図書館が今後質的にますます充実・向上し、関西学院大学の教育・研究のレヴェルアップに大きく貢献することを心から願い、この講義を終わることにいたします。

資　料

I　関西学院大学図書館　特別文庫リスト
（コレクション名、点数、冊数、図書館受入年）

1　社会科学関係

1）　トマス・ホッブズ著作文庫（トマス・ホッブズの著作とその研究文献）、138点、160冊、1997年。

2）　ジョン・ロック著作文庫（ジョン・ロックの著作とその研究文献）、224点、328冊、1983年。

3）　アダム・スミス著作文庫（アダム・スミスの著作とその研究文献、ヒュームのスミス宛自筆書簡1通を含む）、117点、256冊、1982年、のち追加。

4）　スコットランド啓蒙思想史コレクション（D. ヒューム、ケイムズ卿など18世紀スコットランド啓蒙思想関連の原典）、190点、371冊、1983年、のち追加。

5）　ジェイムズおよびジョン・ステュアート・ミル著作文庫（ミル父子の著作とその研究文献、J. S. ミルの自筆書簡6通を含む）、171点、357冊、1983年、のち追加。

6）　イギリス社会政策コレクション（16世紀から20世紀初頭までのイギリスの貧困・救貧・慈善・公的給付に関連した体系的コレクション）、320点、471冊、1997年。

7）　イギリス社会科学古典資料コレクション（17～19世紀の経済・社会思想に関する多くの稀覯本を含む著作・パンフレットからなり、上記の1）～6）および下記の8）、9）を補完するコレクション）、370点、304冊、1997年。

8）　柴田文庫（ロバート・オウエン、メリー・ウォルストンクラフト、ウィリアム・モリス、トマス・ペインなど18～19世紀イギリス社会思想に関連したコレクション。北野大吉［1898–1945］、元本学高等商業学部教授が、同窓の柴田享一氏［1892–1947］の篤志をもとに収集したもの）、318冊、1949年。

9) 堀文庫（プルードン、コベットなど19世紀イギリスおよびフランス社会思想史関連書171点。堀経夫教授［1896–1981］元本学学長の旧蔵書の一部。なお教授の没後寄贈された洋・和書、和雑誌および教授自身のノート、原稿、日記、書簡などを含む）、1,243点、919冊（うち和書528）、1968年/1982年）。

10) クラーク=ギディングズ往復書簡（1886–1930）292点（貴重図書）The Correspondence of John Bates Clark written to Franklin Henry Giddings, 1886–1930. A Collection of 266 unpublished and hitherto unknown letters together with related material including 25 letters from Simon Nelson Patten to Giddings and one letter to F. H. Giddings from Böhm-Bawerk, Eugen (June 27, 1890).（アメリカにおける近代経済学の成立に最も大きな貢献をのこしたジョン・ベイツ・クラーク［1847–1938］の理論形成を示す友人のF. H. ギディングズ宛の書簡とその関連資料）、1995年。

11) イギリス功利主義・原典コレクション（貴重図書）（ベンサム、ミル父子の著作12点と書簡7通、J. S. ミルのフランス旅行日記など20点からなる）、2000年。

12) 赤井文庫（西洋古代法制史関係が中心。赤井節［1925–66］、元本学法学部教授の旧蔵書、1945–65年に刊行された研究書が主体）、942冊（うち和書402）、1966年。

13) 小宮文庫（シェフレ、シュパン、ゴットルの著作やシュモラーなど一部歴史学派の著作を含む近代ドイツ経済学関連書。小宮孝［1902–75］、元院長の旧蔵書の一部）、247 冊（うち和書 5）、1976 年。

14）恒藤文庫（国際法・外交史および経済学関係書。ドイツ語、フランス語の研究書が多い。旧大阪商大教授で戦後大阪市立大学長を務められた恒藤恭教授［1888–1967］の旧蔵書の一部、777 冊（うち和書 367）、1960 年。

15）山本文庫（財界人で元学院理事、第 5 代図書館長［1938–43］を務められた山本五郎氏［1879–1969］の旧蔵書。法律・経済・思想・歴史・宗教など多岐にわたる、和書 475 冊、洋書 358 冊、計 833 冊、1969 年。

2　人文科学関係

1）丹羽記念文庫（明治・大正・昭和に及ぶ近代詩歌集約 2000 点と与謝野晶子の第 1 歌集『みだれ髪』初版や雑誌『明星』を含む、歌集、短歌雑誌約 30 種、評論研究書からなる近代詩歌関係のコレクション。その浪漫主義短歌を代表する与謝野寛（鉄幹）・晶子に師事し、与謝野晶子の愛弟子だった歌人の丹羽安喜子氏［1892–1960］が収集した資料を、夫の丹羽俊彦、元関西学院理事を通じて寄贈されたもの）、2,968 冊、1959 年。

2）佐藤清文庫（19 世紀イギリスのロマンティシズム文学、とくにテニスン、ブラウニング、キーツ、シェリーなどの詩を中心とした英文学関係コレクション。佐藤清［1885–1960］、元本学文学部教授の蔵書）、5,760 冊（うち和書 2,021）、1962 年。

3）粟野文庫（碑文、パピルス文書の刊本を含む古代ギリシア、ローマ史関連のコレクション。粟野頼之祐［1896–1970］、

元本学文学部教授の蔵書)、1,321 部、1,896 冊、1973 年。

4) 高坂文庫（カントなど近代の哲学書、歴史書、および大学論を主とし教育関係書を中心とした哲学・教育学関連書。哲学者の高坂正顕［1900－69］、元本学文学部教授の旧蔵書)、2,112 冊（うち和書 4)、1970 年。

5) 梅田文庫（ビザンティン帝国史関連資料を含む東欧諸国関係資料のコレクション。梅田良忠［1900－61］、元本学文学部教授の旧蔵書にギリシャ正教聖フランチェスコ修道院からの寄贈書を追加したもの)、1682 冊、1966 年 /1971 年。

6) 宗教改革史・教会法史関係文献（宗教改革の神学および 19 世紀以来の教会法関係のコレクション)、981 冊、1983 年、(現在冊子目録作成中)。

7) 室井文庫（大正～昭和に刊行されたキリシタン関係、日本キリスト教史、南蛮文化に関する和書。大阪市立盲学校校長等を歴任された室井庄四郎氏［1893－1962］の収集になるもの)、571 冊（うち洋書 2)、1963 年。

8) 玉林文庫（ドイツ語史およびゲーテ関係書。玉林憲義［1907－96］、元本学文学部教授の旧蔵書)、和書 340 冊、洋書 165 冊、計 505 冊、1978 年。

II　関西学院大学図書館　特別文庫目録リスト

1) 『丹羽記念文庫目録』(近代短歌関係)、第 1 輯、1965 年、「丹羽記念文庫によせて」(実方清)、「序文」(大道安次郎)。

2) 『佐藤清文庫目録』(19 世紀英文学関係)、第 2 輯、1967 年、「序文」(大道安次郎)、「あとがき」(東山正芳)。

3) 『柴田文庫目録』(19 世紀イギリス経済・社会思想関係)、第 3 輯、1972 年、「序文」(前田正治)、「柴田文庫と北野教授について」(堀経夫)。

4) 『粟野文庫目録』(古代ギリシア、ローマ史関係)、第4輯、1974年、「序文」(小関藤一郎)、「粟野頼之祐先生と粟野文庫について」(関西学院大学文学部史学研究室)。

5) 『ロック、スミス、ミル父子著作文庫目録』、第5輯、1985年、「序文」(金子精次)、(解題なし)。

6) 『関西学院大学図書館所蔵　特別文庫目録一覧』、第1分冊、1992年。(上記1)～5)からなる)。

7) 同上、第2分冊、1993年(赤井文庫、堀文庫、小宮文庫、高坂文庫、室井文庫、玉林文庫、恒藤文庫、梅田文庫、山本文庫からなる)。

8) 『特別コレクション目録』(新大学図書館完成記念):トマス・ホッブズ著作文庫・イギリス社会政策コレクション・イギリス社会科学古典資料コレクション、第6輯、1997年、「序文」(田中敏弘)、「トマス・ホッブズ著作文庫について」(岡本仁宏)、「イギリス社会政策コレクションについて」(池田信)、「イギリス社会科学古典資料コレクションについて」(篠原久)。

9) 『スコットランド啓蒙コレクション目録』、第7輯、2001年、「序文」(丸茂新)、「スコットランド啓蒙コレクションについて」(竹本洋)。

Ⅲ 『関西学院大学図書館所蔵史料目録』

1) 第一輯(1984年3月)近世史料、5,244点。

2) 第二輯(1988年3月)同上、5,368点。

3) 第三輯(1998年3月)同上、5,000点。

Ⅳ　関西学院大学図書館特別展示・学術資料講演会関係資料（パンフレット）

1)　第1回 講演会「灘五郷・酒造りの歴史――近世灘酒造業の発展」（柚木学）、特別展示資料紹介（柚木学）、（1992.10.）［これは当日配布された資料］。

2)　第2回 講演会「シェイクスピア本文の系譜――著名な版本をめぐって」（中條和夫）、特別展示資料紹介（中條和夫）、（1993.6.）。

3)　第3回 経済学の成立、講演会「経済学の成立――アダム・スミスとジェイムズ・ステュアート」（小林昇）、特別展示資料紹介「アダム・スミス著作文庫を中心に」（田中敏弘・篠原久）、（1993.10.）。

4)　第4回 近代詩の展開、講演会「近代詩の展開――『明星』を中心にして」（中島洋一）、特別展示資料紹介「丹羽記念文庫」について」（中島洋一）、（1994.5.）。

5)　第5回　経済学の発展、講演会「経済学の展開――ミル父子を中心として」（杉原四郎）、特別展示資料紹介「ジェイムズおよびジョン・ステュアート・ミル著作文庫」について（田中敏弘）、特別展示解題（井上琢智）、（1994.10.）。

6)　第6回 近代イギリス社会―思想と文化―大学図書館開館記念、講演会「経済学成立期の諸相――アダム・スミスとその最初期批判考」（杉山忠平）、開館記念コレクション紹介「トマス・ホッブズ著作文庫」（岡本仁宏）、「イギリス社会政策コレクション」（池田信）、「イギリス社会科学古典資料コレクション」（篠原久）、特別展示資料解説（篠原久）（竹本洋）、（1997.10.）。

7) 第7回 講演会「ホッブズのアポリアと generosity」(岡本仁宏)、特別展示資料解説「トマス・ホッブズ著作文庫から」(篠原久)、(1998.11.)。
8) 第8回 明治・大正の文学者たち、講演会「書簡資料に見える文学者たち」(清水康次)、特別展示資料解説(清水康次)、(1999.11.)。
9) 第9回 「明治政治史」関係書翰、講演会「明治政治史の新解釈〜関西学院大学図書館所蔵『安田書翰』をふまえて〜」(宮地正人)、特別展示資料解説(宮地正人)、(2000.11.)。
10) 第10回 経済思想家の手稿と自筆書簡、講演会「関西学院大学図書館所蔵資料の特徴:その発展のために—特別コレクション・自筆書簡・手稿・その他貴重資料を中心に」、特別展示資料解説(井上琢智)(篠原久)(竹本洋)(田中敏弘)、(2001.10.)。

V 『時計台』(関西学院大学図書館報)に掲載された文献紹介・資料紹介

1) 柴田文庫について(久保芳和)、No.1、1971.9.
2) 丹羽文庫について(実方清)、No.2、1972.1.
3) 佐藤清文庫について(東山正芳)、No.3、1972.6.
4) 池内文庫について(吉田和夫)、No.4、1972.12.
5) 高坂文庫によせて(久山康)、No.5、1973.6.
6) 「日本近代化」研究の資料について(小関籐一郎)、No.6、1973.12.
7) 粟野文庫に寄せて(柘植一雄)、No.7、1974.6.
8) 郷土の資料(柚木学)、No.11、1976.4.
9) 室井文庫について(梅田安之)、No.12、1976.11.

10) The North American Review の解説（天川潤次郎）、No.13、1977.4.
11) COMEDIES AND TRAGEDIES（中條和夫）、No.14、1977.11.
12) Goldsmith's-Kress Library of Economic Literature について（田中敏弘）、No.15、1978.4.
13) 梅田文庫（杉村貞臣）、No.18、1979.11.
14) 「死海写本」（復元）（城崎進）、No.19、1980.4.
15) ローラー文庫について（会計学関係）（平松一夫）、No.20、1980.10.
16) 本館所蔵「東寺文書」について（芝英八郎）、No.23、1981.10.
17) 『中国方志叢書』について（稲葉一郎）、No.25、1982.6.
18) アダム・スミス著作文庫について（田中敏弘）、No.26、1982.11.
19) 堀文庫について（田中敏弘）、No.26、1982.11.
20) イギリス革命史料 Thomason Tracts（1640−1661）について（マイクロフィルム）、（川村大膳）、No.27、1883.4.
21) 「ジョン・ロック著作文庫」および「ジェームズ及びジョン・スチュアート・ミル著作文庫」について（久保芳和）、No.28、1983.6.
22) イギリス19世紀神学コレクションについて（小林信雄）、No.29、1983.11.
23) 宗教改革史と教会法史（高森昭）、同上。
24) ドン・ヨーダーコレクション——アメリカの宗教と文化に関する蔵書（小林信雄）、No.30、1984.4.
25) 「松野賢吾博士文庫コレクション」（財政学関係）について（橋本徹）、同上。
26) スコットランド啓蒙思想史コレクションについて（田中敏弘）、No.31、1984.6.

27) キェルケゴール「初版本コレクション」(橋本淳)、同上。
28) ポーランド史・ポーランド経済関係資料について(藤井和夫)、No.34、1985.6.
29) 『ロック、スミス、ミル父子著作文庫目録』の刊行について(整理課)、同上。
30) ビザンティン帝国史関係資料について(杉村貞臣)、No.35、1985.11.
31) Adam Smith Collection と私(田中敏弘)、No.36、1986.4.
32) 日本古典文学の二つの宝庫より——大東急記念文庫と静嘉堂文庫(マイクロフィルム)(武久堅)、No.38、1986.11.
33) サンフランシスコの邦字新聞——新世界新聞とその周辺(マイクロフィルム)(山本剛郎)、No.39、1987.4.
34) イギリスの産業国有化と民営化の変遷(池田勝彦)、No.40、1987.6.
35) La Revue Musicale. Nos.1-380 (Paris、1920-40、1946-49、1952-85)(畑道也)、No.41、1987.11.
36) 西欧諸国公式統計資料集成(マイクロフィルム)(南昭二)、No.42、1988.4.
37) 『関西学院大学図書館所蔵史料目録』第三輯の発刊に寄せて(三浦俊明)、No.43、1988.7.
38) シェイクスピア文庫 "Bibliotheca Shakespeariana"(笹山隆)、同上。
39) 中古・中世・近世　国語国文学資料集成　上・中・下(マイクロフィルム・マイクロフィッシュ)(武久堅)、No.44、1988.11.
40) 合衆国判例集(長岡徹)、No.45、1989.4.
41) カンバーランド地図(マイクロフィッシュ)(根無喜一)、No.46、1989.7.

42) The Times（マイクロフィルム）（芝田正夫）、No.48、1990.4.
43) 下総佐倉藩堀田家文書（マイクロフィルム）（三浦俊明）No.49、1990.7.
44) British Parliamentary Papers, 1801-1900（Irish University Press 1000- Volume Series）（安保則夫）、No.50、1990.12.
45) アメリカ法基本判例・法令集成（長岡徹）、No.51、1991.4.
46) ニーシュラーク教授私蔵ドイツ経営経済学関係文庫（海道ノブチカ）、No.52、1991.7.
47) 丹羽記念文庫（中島洋一）、No.54、1992.4.
48) 内藤湖南・内藤戊申旧蔵殷周甲骨学金文字関係文庫（木村秀海）、No.55、1992.7.
49) 「死海写本」（田淵結）、No.56、1992.12.
50) 第1回学術資料講演会「灘五郷・酒造りの歴史――近世灘酒造業の発展」（柚木学）同上。
51) 17～18世紀初期英国新聞コレクションマイクロフィルム版（芝田正夫）、No.57、1993.4.
52) 東欧研究の隠れた宝庫――社会主義経済関係図書と梅田文庫（藤井和夫）、No.58、1993.7.
53) 第2回大学図書館特別展示・学術資料講演会「シェイクスピア本文の系譜――著名な版本をめぐって」（中條和夫）、同上。
54) 明治初期の日本語聖書――大学図書館所蔵の日本語聖書（田淵結）、No.59、1993.12.
55) 英国議会下院日誌（澤田庸三）、同上。
56) 第3回大学図書館特別展示・学術資料講演会「経済学の成立――アダム・スミスとジェイムズ・ステュアート」（小林昇）、同上。

57) 同上特別展示「アダム・スミス著作文庫を中心に」、同上。
58) 第5回大学図書館特別展示・学術資料講演会「経済学の発展——ミル父子を中心として」(杉原四郎)、「ジェイムズおよびジョン・ステュアート・ミル著作文庫」から、No.62、1994.12.
59) 関西学院と文芸風土（玉置邦雄)、同上。
60) トマス・ホッブズ著作文庫について（岡本仁宏)、No.68、1999.4.
61) トマス・ホッブズ著作文庫から（篠原久)、同上。
62) エラスムスのNovum Instrumentum（エラスムス編、新約聖書　初版、1516年)（木ノ脇悦郎)、同上。
63) 第8回大学図書館特別展示・学術資料講演会「明治・大正の文学者たち」、特別展示資料解説（清水康治)、講演会要旨「書簡資料に見える文学者たち」(清水康治)、No.69、2000.4.
64) 八重津家旧蔵資料について（清水康次)、同上。
65) 丹羽記念文庫について（中島洋一)、同上。
66) 旧蔵書簡・手稿寄贈にあたって（八重津洋平)、同上。
67) 第9回大学図書館特別展示・学術資料講演会「『明治政治史』関係書翰」、特別展示資料解説（宮地正人)、No.70、2001.4.
68) イギリス功利主義・原典コレクション——ベンサム・ミル父子の著作・書簡を中心に（井上琢智)、同上。

[その他]

1 「関西学院大学図書館特別文庫・貴重図書」(関西学院大学図書館)、リーフレット、1998.4.
2 『関西学院図書館小史』、関西学院、1990年。

3　『関西学院事典』、関西学院、2001年9月、「大学図書館」、「特別文庫」。

Ⅵ　その他関連文献

1　柴田文庫について

1)　五島茂『ロバアト・オウエン著作史』（1932年）「序文」。
2)　北野大吉『婦人運動の開祖　メリー・ウォルストンクラフト――彼女の生涯と思想』（1930年）「はしがき」。
3)　同上、『芸術と社会』（1923年）（モリスについて）。
4)　同上、『ロバート・オーウェン――彼の生涯、思想並に事業』（1927年）。
5)　同上、「モリスの人及思想」、モリス生誕百年記念協会（関西学院文学会が主体）刊、『モリス記念論集』、1934年。
6)　柴田文庫中のモリス関係文献の展示、京都、1934年。
7)　大道安次郎「柴田文庫について」、関西学院短期大学商科『論叢』、第6号、1952年10月。
8)　縄田栄次郎「柴田文庫分類について」、（同上）。
9)　白井厚「関西学院大学柴田文庫のこと」、日本生活協同組合連合会機関誌『生協運動』1971年11月。
10)　経済学史学会編『日本における経済学史研究十年の歩み』（1961年）。

2　その他の文献・展示など

1)　久保芳和「四つの文庫――ロック、スミス、オウエン、ミル父子」、『学鐙』、83-2、1986.2.
2)　井上琢智「J. S. ミルと労働者教育――ミルの未発表六通の

書簡について」、『経済学論究』、40-2、1986.8.

3) アーヴィング・フィッシャー著作コレクション（全61冊の一部）展示、第1回アメリカ経済思想史研究会、1995年6月10日、関西学院大学池内記念館。

Ⅶ その他の貴重資料

1) James Steuart, A Plan for Introducing an Uniformity of Weights and Measures over the World, ... (1778?)、(草稿)。
2) 旧河上肇氏所蔵　アダム・スミス『国富論』初版本（1776年）(署名入り)。
3) 兵庫県漁具図解（1897年)。
4) エラスムス編　新約聖書初版（1516年)。
5) グーテンベルク42行聖書（原本第2巻、2葉4頁）(1455年頃)。
6) その他特別文庫や特別コレクション以外の貴重図書多数。

Ⅷ 特別文庫・特別コレクション等について紹介した田中の論文・エッセイ・講演など（参考までに）

1) 河上肇と『国富論』、KG Today, No.17（関西学院通信)、1973.6.18.
2) 『国富論』初版本と河上肇、『母校通信』、No.51、関西学院同窓会、1974.4.
3) Goldsmith's-Kress Library of Economic Literature について、『時計台』、No.15（関西学院大学図書館)、1978.4.
4) J. S. ミルの肖像画、『母校通信』、前掲、No.68、1982.10.

同上転載、『日本ミルの会会報』、4号、1983.4.

5) アダム・スミス著作文庫について、『時計台』、前掲、No.26、1982.11.

6) 堀文庫について、『時計台』、同上、No.26、1982.11.

7) スコットランド啓蒙思想コレクションについて、『時計台』、No.31、1984.6.

8) ジョン・ステュアート・ミルによる女性解放への貢献にたいして贈られた感謝状（1870年)、『経済学論究』、39-1、関西学院大学経済学部、1985.5.

9) ヒュームとスミス——ヒュームのアダム・スミス宛未公表一書簡について、同上、39-4、1986.1.

10) Hume To Smith: An Unpublished Letter, *Hume Studies*, Vol. 12, No.2, No., 1986.

11) Adam Smith Collectionと私、『時計台』、No.36、1986.4.

12) 「関西学院大学図書館所蔵ロック、スミス、ミル父子著作文庫について」、(講演）関西学院大学産業研究所主催、経済資料協議会西部部会、関西学院大学池内記念館、1986.7.11.

13) ロック、スミス、ミル父子著作文庫、スコットランド啓蒙思想コレクション（関西学院大学図書館所蔵）について『経済学論究』、41-3、1987.10.（上記12）の草稿に基づくもの)。

14) 「関西学院大学所蔵　経済学古典資料について」(講演）関西学院大学図書館、図書館職員対象、1990.10.26.

15) 「アダム・スミス著作文庫」について、「経済学の成立——特別展示資料紹介・学術資料講演会要旨」、(第3回大学図書館特別展示・学術資料講演会パンフレット)、関西学院大学図書館、1993.10.

16) メンガー文庫と経済学史研究、カール・メンガー文庫マイクロ版集成（推薦文）、丸善、1994.4.

17）「ジェイムズ及びジョン・ステュアート・ミル著作文庫」について、「経済学の発展」（第5回大学図書館特別展示・学術資料講演会パンフレット）、関西学院大学図書館、1994.10.

18）マーシャルとJ. B. クラーク——未公開書簡を中心に（1）、『経済学論究』、48-3、1994.10.

19）同上、(2)、同上、49-1、1995.4.

20）J. B. Clark and Alfred Marshall: Some Unpublished Letters, *Kwansei Gakuin University Annual Studies*, Vol.44, March 1996.

21）関西学院大学図書館所蔵「柚木重三教授収集文書」の刊行について、雄松堂書店パンフレット、1995.7.

22）「古典研究（総論）—— J. B. クラーク文書を中心に」、（講演）一橋大学社会科学古典資料センター、1996.10.22.

23）新大学図書館完成記念『特別コレクション目録』について（序文）、『特別コレクション目録：トマス・ホッブズ著作文庫、イギリス社会政策コレクション、イギリス社会科学古典資料コレクション』、関西学院大学図書館、1997.10.

24）J. B. クラークとF. H. ギディングズ——未公開往復書簡を中心に、『経済論集』（関西大学）、47-5、1997.12.

25）J .B. クラークとF. H. ギディングズ——未公表往復書簡の概要について（付英文アブストラクト）、『アメリカ経済思想史研究ニューズレター』、No.3、1997.12.

26）J. B. クラーク経済学の展開過程——クラーク＝ギディングズ未公開往復書簡からみた、田中敏弘編著『アメリカ人の経済思想——その歴史的展開』、日本経済評論社、1999.9.

27）The Correspondence of John Bates Clark Written to

Franklin Henry Giddings, 1886–1930, with "the Introductory Essay to the Correspondence: The Development of John Bates Clark's Economic Thought and Franklin Henry Giddings" (7–31), in *Research in the History of Economic Thought and Methodology*, 18B, ed. Warren J. Samuels (Greenwich, JAI/Elsevier Inc., 2000): 3–245.

28) セリグマンとセリグマン文庫について、セリグマン文庫(1851–1900) マイクロフィルム版集成 (推薦文)、雄松堂書店、2001.10.

なお、上記の1) ～7) は筆者の『アダム・スミスの周辺――経済思想史研究余滴』(日本経済評論社、1985) に、4)、6)、8) は筆者の『堀経夫博士とその経済学史研究』(玄文社、1991.9.) に、9)、11)、13) は筆者の『ヒュームとスコットランド啓蒙』(晃洋書房、1992.3.) に、そして13)、15)、16)、21)、23) は筆者の『風に思う空の翼――風・光・力』(関西学院大学出版会、2001.10.) に収録されている。

初出一覧

Ⅰ　アメリカ経済学史研究の潮流と私
『経済学史学会年報』38号、2000年11月。特集：「私の経済学史研究―― 20世紀の学史研究をふりかえって」。

Ⅱ　制度主義にもとづく経済学史：文化過程のなかの経済思想
――戦後日本の一経済学史家の足跡
『経済学論究』57-3、2004年1月。

Ⅲ　経済学史研究について
『経済学論究』60-4、2007年4月。

Ⅳ　マンデヴィル、ヒューム、ステュアート、スミス　再訪
――市場と為政者の視点を中心に
『経済学論究』54-3、2001年1月。

Ⅴ　制度主義経済学の新展開と現状
『経済学論究』55-3、2001年12月。

付Ⅰ　オーストラリア経済学史学会創立25周年を記念して
『経済学史研究』49-1、2007年6月。

付Ⅱ　関西学院大学図書館所蔵資料の特徴：その発展に向けて
――特別コレクション・自筆書簡・手稿・その他貴重資料を中心に
関西学院大学図書館報『時計台』71、2002年4月。

あとがき

ここに収録された論文ないし研究エッセイは、2001年から2007年までに発表されたものである。これら7編のうち、ほとんどは経済学史学会や社会思想史学会との関連でとくに寄稿を依頼されたり、あるいは講演の求めによって書かれたものである。個々の論題はさまざまであるが、それらは、すべて広く経済学史研究というこの本の中核に関わるものであり、筆者の経済学史研究の経歴と、もしあるとすれば、その独自の特色の一端を示すものと言える。

なかでも、「私の経済学史研究―― 20世紀の学史研究をふりかえって」という『経済学史学会年報』(現在の『経済学史研究』)の特集に依頼されて書いた冒頭のアメリカ経済学史に限定した私の学史研究と、アメリカを含むすべての領域にわたる私の学史研究の足跡をたどったⅡ「制度主義にもとづく経済学史」とがその中心をなしていると言える。こうした意味から、この書の表題を『経済学史研究と私』とすることとなった。

これらの論説から明らかなように、私の学史研究の過程における特徴のひとつは、やはり「国際性」と言えるかもしれない。無論、私は、恩師の堀経夫先生やとくに小林昇教授をはじめ、国内の優れた研究者に極めて多くを負うことは言うまでもない。しかしそれに加えて、例えば、コロンビア大学の故ドーフマン先生や、シラキュース大学の故シュランニーウンゲル先生をはじめ、ロートワイン教授、スキナー教授、コーツ教授、ロス教授、ブラック教授、グロンヴェーゲン教授、サムエルズ教授、フォーブズ氏等、実に多くの国外の卓越した学史研究者に出会い、それらの方々との交流から直接多くを学ぶことが出来た。そのうえ多数の学問的同僚たちからも温かい支援と励ましを得る機会に恵まれたことが、私の貧しい研究を支え、何とかその展開へと導かれていったことは確かである。この意味で、私は今ここに改めて、これらすべての先生方と学問的同僚諸氏に深い感謝の念を表したい。

かつて、ドーフマン先生がアメリカ経済学史学会から賞を受けたときに、その受賞の功績は、彼が指導を受けたミッチェルやJ. M. クラーク先生に帰せられるべきであると述べられた。私はドーフマン先生の足元にも及ばないが、この感謝の言葉を、いま深くかみしめたいと思う。

なお付Ⅱとして関西学院大学図書館所蔵の特別コレクション等の特徴に関する論稿を加えたのは、在職中、大学図書館館長（1992年4月～98年3月）として新大学図書館の建設に微力を尽くすことが出来、私自身もその恩恵を今も受けていることに対して関西学院大学に感謝の意を表したいからである。

最後に、読者にご容赦をお願いしたい。それは、ⅠとⅡに若干の重複が散見されることである。これはⅠがアメリカ経済学史研究に限定されたのに対して、Ⅱでは、経済学史研究全般へと拡大されたからにほかならない。また、指導、支援を受けた先達の写真は手元に残ったものに限定され、バラツキがみられるが、他意はなく、ご了解いただければ幸いである。

最後に、本書を関西学院大学出版会から出すことができ幸いである。出版会の田中直哉氏と浅香雅代さんに感謝したい。

2008年4月

田中 敏弘

【著者略歴】

田中　敏弘（たなか　としひろ）

1929 年、神戸市に生まれる。
1953 年、大阪商科大学卒業。
1959−61 年、シラキュース大学大学院およびコロンビア大学大学院に留学、MA（シラキュース大学）。
1974-75 年、グラスゴウ大学およびケンブリッジ大学客員研究員。
1988 年、コロンビア大学客員研究員。
1990 年、中国吉林大学交換教授（近代経済学史）。
1953 年に関西学院大学助手、のち教授、経済学部長、経済学研究科委員長、大学図書館長などを勤め、1998 年定年退職。名誉教授。
2002 年、長崎県立大学学長。
経済学史学会代表幹事（1991−93 年）
アメリカ経済思想史研究会代表幹事（1995−2000 年）
日本学術会議会員（第 3 部）（1997−2000 年）
経済学史学会名誉会員（2000 年 4 月〜）

〈主要著書（訳書・編著）〉
『マンデヴィルの社会・経済思想』（1966）
『社会科学者としてのヒューム』（1971）
『イギリス経済思想史研究』（1984）
『ヒュームとスコットランド啓蒙』（1992）
『アメリカ経済学史研究』（1993）
“The Correspondence of John Bates Clark Written to Franklin Henry Giddings, 1886−1930”（JAI）（2000）
『アメリカの経済思想』（2002）
『アメリカ新古典派経済学の成立—— J. B. クラーク研究』（2006）
『近代経済学史』（共編著）（1980）
『スコットランド啓蒙と経済学の形成』（編著）（1989）
『経済学史』（編著）（1997）
『アメリカ人の経済思想』（編著）（1999）
“Economic Thought and Modernization in Japan”(coed.)(Elgar).(1999)

『ヒューム政治経済論集』(訳書)(1983)
A. S. スキナー『アダム・スミスの社会科体系』(共訳)(1981)
R. D. C. ブラック『経済思想と現代』(監訳)(1988)
『クラーク富の分配』(本郷亮との共訳)(2007)
『岩の上に——学問・思想・信仰』(1989)
『風に思う空の翼』(2001)

経済学史研究と私

2008年6月5日　初版第一刷発行

編著者　田中敏弘
発行者　宮原浩二郎
発行所　関西学院大学出版会
所在地　〒662-0891　兵庫県西宮市上ケ原一番町 1-155
電　話　0798-53-7002

印　刷　協和印刷株式会社

Printed in Japan by Kwansei Gakuin University Press
ISBN 978-4-86283-031-9

http://www.kwansei.ac.jp/press